Katharina Mahrenholtz
Hochzeit

Katharina Mahrenholtz ✳ Dawn Parisi

Hochzeit

Vom Antrag bis zu den Flitterwochen

sanssouci

Unser gesamtes lieferbares Programm und
viele andere Informationen finden Sie unter
www.sanssouci-verlag.de

2 3 4 5 6 16 15 14 13 12

ISBN 978-3-8363-0051-3

Einbandgestaltung: Dawn Parisi, Paris
Druck und Bindung: Kösel, Krugzell
Printed in Germany

Inhalt

VORSPANN **08**
Vorwort 08
Der Test 10
Die Mitwirkenden 16

ERSTER AKT – ANTRAG & VERLOBUNG **18**
Lovestory Teil 1 18
Verliebt … 20
Der Antrag (Typ A, B und C) 20–22
Verlobungsringe 22
Für Männer 24
Verlobt … 25
Die Verlobung (Typ A, B und C) 26–28
Berühmte Liebespaare 28
Lange vor dem großen Auftritt … 29
Ein Buch – ein Film 29
Geschenke und Give-aways 30

ZWEITER AKT – WANN, WER, WO? **32**
Lovestory Teil 2 32
Drum prüfe, wer sich ewig bindet … 34
Wann? 35
Wer? 36
Budgetplaner 37
Für Männer 39
Ungebetene Gäste 41
Wo? Welche Locations gibt es? 41
Die Location (Typ A, B und C) 42–47
Location auswählen 48
Heiraten im Ausland 49
Einladungen 50
Berühmte Liebespaare 54
Wenn das Drehbuch steht … 55
Ein Buch – ein Film 55
Das Outfit der Braut 56

INHALT

DRITTER AKT – DIE VORFEIERN 58
Lovestory Teil 3 58
Vorfreude ist die schönste Freude … 60
Polterabend 60
Junggesellenabschied 64
Junggesellinnenabschied 66
Bridal Shower 68
Für Männer 69
Berühmte Liebespaare 70
Wenn der Termin näher rückt … 71
Ein Buch – ein Film 71
Das Outfit des Bräutigams 72

VIERTER AKT – DIE TRAUUNG 74
Lovestory Teil 4 74
Willst Du, Julia … 76
Die standesamtliche Trauung 76
Was Sie brauchen 77
Standesamt (Typ A, B und C) 78–82
Für Männer 83
Rechtliches 84
Die kirchliche Trauung 86
Kirche (Typ A, B und C) 86–91
Was Sie wissen müssen 92
Fotograf 95
Berühmte Liebespaare 96
Vor der Premiere … 97
Ein Buch – ein Film 97
Beauty & Ringe 98

FÜNFTER AKT – DIE FEIER 100
Lovestory Teil 5 100
Es lebe hoch! 102
Essen 102
Sitzordnung 103

Inhalt

Die Feier (Typ A, B und C)	106–111
Womit Sie rechnen müssen	112
Für Männer	117
Berühmte Liebespaare	118
Bevor der rote Teppich ausgerollt wird …	119
Ein Buch – ein Film	119
Blumen	120
SECHSTER AKT – DIE FLITTERWOCHEN	**122**
Lovestory Teil 6	122
Ich packe meinen Koffer	124
Die Reise (Typ A, B und C)	124–125
Nach der Reise	126
Für Männer	127
Berühmte Liebespaare	128
Nach der Show …	129
Ein Buch – ein Film	129
Nach dem Happy End	130
Internet-Adressen	132
Notizen	137
Register	140
Die Autorin / Die Illustratorin	143

00 VORSPANN

VORWORT

Die Hochzeit ist das Ereignis, das überall als »der schönste Tag im Leben« angepriesen wird. Was verschwiegen wird: Dieser Tag ist auch einer der anstrengendsten im Leben. Denn heutzutage fühlen sich meist weder die Eltern der Braut noch die Dorfgemeinschaft dafür zuständig, die Hochzeitsfeier auszurichten. Da muss das junge Paar schon selber ran. Und da die meisten Brautpaare (zugegeben: vor allem die Bräute) einen ganz bestimmten Film von ihrer Hochzeit im Kopf haben, bedeutet die Vorbereitung meistens Stress pur. Schließlich möchte man keine Abstriche machen, von wegen »man heiratet nur einmal« und überhaupt. Aber alles geht dann eben doch nicht so, wie man will, weil es entweder zu teuer oder zu aufwendig oder beides ist.
Dieses Buch soll das Drehbuch zu Ihrem Hochzeitsfilm sein – damit an Ihrem schönsten Tag möglichst viele Träume in Erfüllung gehen und damit Sie die Vorbereitungen ohne Nervenzusammenbrüche überstehen.

Der Test: Da jede Frau anders über die perfekte Hochzeit denkt, beginnt alles mit einem kleinen Test. Das Ergebnis zeigt Ihren Hochzeitstyp – und den finden Sie überall im Buch wieder. Natürlich müssen Sie sich nicht auf einen Typ festlegen, auch als pragmatische Braut können Sie ruhig mal bei den Ideen für die Romantikerin stöbern – man weiß ja nie …
Die Planung: Im imaginären Film Ihrer Hochzeit ist jeder Abschnitt ein neuer Akt. Vom Antrag (erster Akt) bis zu den Flitterwochen (sechster Akt) finden Sie alle Planungsphasen in den einzelnen Kapiteln wieder. Zur besseren zeitlichen Orientierung dient zusätzlich eine herausnehmbare Übersicht hinten im Buch. Zwischendurch gibt es Specials zu wichtigen Themen wie Outfit, Frisur, Geschenke etc.

Extrainfos: Ergänzt werden alle Kapitel durch spezielle Informationen am Rand, die besondere Aspekte hervorheben. »Profitipps« zum Beispiel liefern Extraratschläge für die perfektionistische Braut. »Es war einmal« gibt einen kleinen Einblick in längst vergangene Zeiten, als die Brautleute noch ganz anderen Traditionen verbunden waren. Einige Rituale und Bräuche haben allerdings bis heute überdauert – in der Kolumne »Gut zu wissen« wird u. a. ihre Bedeutung und Herkunft erklärt. Und natürlich haben »andere Länder andere Sitten« – auch diese sollen hier nicht unerwähnt bleiben.
Für Männer: Wetten, dass der Masterplan für die Hochzeit in den allermeisten Fällen von der Frau erstellt wird? Der Bräutigam schwankt meistens zwischen Überforderung, latenter Genervtheit und Irritation über seine ehemals vernünftige Freundin, die jetzt plötzlich zur Über-Braut mutiert ist. Damit er mit der Ausnahmesituation besser fertig wird, findet er in jedem Kapitel seine Extrarubrik.
Zur Entspannung: Gerade in der stressigen Planungszeit braucht man kleine Oasen der Ruhe. Deshalb sollte man sich immer mal mit einer Packung Pralinen aufs Sofa setzen, die Füße hochlegen und ein Buch lesen, das sich auf amüsante Weise dem Thema Hochzeit widmet. Oder eine Freundin zum DVD-Abend einladen – lustige Hochzeitsfilme gibt es genug; wir haben eine Empfehlung für jedes Kapitel. Und wenn Sie plötzlich zweifeln, ob das nun wirklich die richtige Entscheidung war, einen Mann zu heiraten, der nie seine Socken wegräumt, chronisch zu spät kommt und vorgibt, gar nicht kochen zu können – dann hilft es, sich die Geschichten der berühmten Liebespaare durchzulesen. Dabei kommt garantiert so viel Romantik-Feeling auf, dass man es gar nicht erwarten kann bis zum Tag X.

Und nun: Vorhang auf für Ihren Hochzeitsfilm!

HEIRATEN – WELCHER TYP SIND SIE?

Mit sechs Jahren haben alle Mädchen den gleichen Hochzeitsfilm im Kopf: Darin kommen hauptsächlich viel Tüll, Rüschen und lange Locken vor – die entsprechenden Idole heißen Dornröschen oder Aschenputtel. Im Laufe der Jahre ändert sich das Drehbuch für den Hochzeitsfilm im Kopf immer mal wieder. Oscarreife erhält er schließlich, wenn man den Traummann an seiner Seite weiß. Anspruchsvoll, romantisch oder pragmatisch – meistens stellt sich bereits im Laufe einer Beziehung heraus, welche Art von Hochzeit man sich wünscht und wie man an die Planung derselben herangeht. Und auch wenn es bei Ihnen noch ein Jahr oder länger bis zum großen Ereignis dauert, wissen Sie sicher, wie Sie in bestimmten Situationen reagieren würden.
Blicken Sie also noch mal zurück auf die Anfänge Ihrer Beziehung und stellen Sie sich dann vor, wie es Ihnen geht, wenn der Termin näher rückt. Beantworten Sie die Fragen unseres kleinen Einstiegstests und ermitteln Sie Ihren Typ.

01. Noch zwei Stunden bis zur ersten Verabredung. Was gibt es zu tun?

a: Die guten Dessous rauslegen, mehrere Outfits anprobieren, duschen, Haare waschen und fönen, in Ruhe schminken und dann versuchen, total natürlich rüberzukommen.
b: Duschen und was Nettes anziehen.
c: Zwei Stunden? Dafür reichen zehn Minuten.

a ◯ b ◯ c ◯

02. Sie sind frisch verliebt und möchten zum ersten Mal ein gemeinsames Wochenende verbringen. Was planen Sie?

a: Sie buchen das Amour-Arrangement in Paris mit Wellness-Hotel und Candle-Light-Dinner.
b: Sie mieten sich für zwei Tage in einer schnuckeligen Pension an der Ostsee ein und freuen sich auf lange Spaziergänge am Meer.
c: Sie räumen auf, kaufen ein schönes Schaumbad und hoffen, dass er Champagner mitbringt.

a ◯ b ◯ c ◯

03. Der erste lange Urlaub zu zweit steht bevor. Wo soll's hingehen?

a: Thailand oder Südafrika: tolle Strände, romantische Sonnenuntergänge – und jede Menge Exotik!
b: Provence oder Cornwall: Nur wir beide, viel Natur und schöne alte Städte.
c: Last Minute Mallorca. Da gibt es auch nette Ecken.

a ◯ b ◯ c ◯

04. Ein Jahr zusammen! Was erwarten Sie vom Jubiläumstag?

a: Ich hoffe, er hat schon einen Tisch in einem schicken Restaurant bestellt, einen Strauß Rosen besorgt und ein kleines Schmuckstück!
b: Nett essen gehen, anstoßen und viele verliebte Blicke.
c: Jubiläum? Keine Ahnung, wann das ist.

a ◯ b ◯ c ◯

a ◯ b ◯ c ◯

05. Sie reden über die Zukunft. Welche Vorstellungen haben Sie?

a: Viel reisen, eine super Hochzeit, Karriere, das erste Kind mit 38, den Kita-Platz haben Sie schon reserviert.

b: Erst mal zusammenziehen, dann heiraten und – ach – Kinder wären schon schön.

c: Nichts überstürzen. Ist doch gerade ganz nett so.

a ◯ b ◯ c ◯

06. Zwei Jahre zusammen! Sie reden schon mal vage über Hochzeit. Was ist Ihnen wichtig?

a: Auf jeden Fall ein rauschendes Fest, das in Erinnerung bleibt. Ein atemberaubendes Kleid und traumhafte Flitterwochen.

b: Ein schönes Fest mit den besten Freunden und engsten Verwandten.

c: So weit im Voraus kann ich nicht denken.

a ◯ b ◯ c ◯

07. Drei Jahre zusammen! Die Hochzeitspläne werden konkreter, aber er hat Ihnen noch keinen Antrag gemacht. Warten Sie darauf?

a: Allerdings. Und zwar nicht im Nebensatz – etwas Pompom sollte schon sein.

b: Ja schon. Ein Plakat an der Hauswand muss es nicht sein, aber ein bisschen romantisch darf er ruhig werden.

c: Wozu denn das? Wir haben doch schon alles besprochen.

a ◯ b ◯ c ◯

08. Sie vereinbaren einen Hochzeitstermin. Was gilt es zu bedenken?

a: Es muss ein besonderes Datum sein und wir brauchen mindestens ein Jahr für die Planung.

b: Es sollte im Frühling oder Sommer sein und sechs Monate für die Planung wären gut.
c: Hauptsache, wir beide können an dem Tag!

09. Noch ein halbes Jahr bis zur Hochzeit. Was haben Sie bereits unternommen?

a ◯ b ◯ c ◯

a: Zig Locations besichtigt und die beste reserviert, Einladungen von der Druckerei abgeholt, Band und Feuerwerk bestellt, Brautkleid und Ringe ausgesucht, Flitterwochen gebucht.
b: Ein paar Kirchen besichtigt, eine ungefähre Gästeliste erstellt und die Trauzeugen ausgewählt.
c: Nichts.

10. Der große Tag. Was gibt es noch zu tun, bevor Sie sich das Ja-Wort geben?

a ◯ b ◯ c ◯

a: Termine beim Friseur und bei der Visagistin, das Auto schmücken, die Checkliste ein letztes Mal überprüfen, die Blumenkinder instruieren.
b: Friseurtermin, ein Fläschchen Prosecco mit der Trauzeugin, Baldriantabletten einpacken.
c: Frühstücken.

Zählen Sie, was Sie am meisten angekreuzt haben:
a, b oder c – das bestimmt Ihren Hochzeitstyp.

AUSWERTUNG

Typ A

Die Anspruchsvolle oder »Ich heirate schließlich auch fürs Publikum!«

Heimlich, still und leise ist nicht Ihr Ding. Im Gegenteil: Sie lieben den dramatischen Auftritt. Wenn's in der Beziehung kracht, fliegen auch schon mal die Teller – und die anschließende Versöhnung fällt ähnlich stürmisch aus. Klar, dass Sie sich auch für Ihre Hochzeit die ganz große Nummer vorstellen. Und zwar von Anfang an. Ein unvergesslicher Antrag, möglichst extravagante Ringe, ein atemberaubendes Brautkleid, eine exklusive Location – alles in allem soll und muss es einfach ein rauschendes Fest werden! Was gibt es Schöneres, als in der Badewanne bei einem Glas Prosecco davon zu träumen, wie Sie die Hauptrolle in Ihrem eigenen Hollywoodfilm spielen werden.
Dieses Buch hilft Ihnen, sich und Ihre Hochzeit perfekt in Szene zu setzen.

Typ B

Die Romantische oder »Ich heirate schließlich aus Liebe!«

Schon als Kind haben Sie Hochzeit mit Barbie und Ken gespielt. Später wären Sie zu gern die Film-*Sissi* gewesen, weil sie so schöne Kleider tragen durfte. Im wahren Leben sind Sie

eher harmoniesüchtig und sehr romantisch. Die Hochzeit darf ruhig kleiner ausfallen – im Mittelpunkt steht für Sie das Eheversprechen und nicht die Party. Trotzdem ist Ihnen der äußere Rahmen wichtig, schließlich soll es der schönste Tag Ihres Lebens werden und – Hand aufs Herz – ein bisschen kitschig darf's schon sein. Wenn Sie bei Kerzenschein von Ihrem Hochzeitsfilm träumen, dann spielen ein weißes Kleid mit Schleier und der Traumprinz auf einem weißen Pferd die Hauptrollen.
Dieses Buch wird Ihnen helfen, möglichst viel *Sissi*-Feeling in Ihre Hochzeit zu bringen.

Typ C

Die Pragmatische oder »Ich will doch nur heiraten!«

Ihre Beziehung ist Ihnen wichtig, zum Heiraten haben Sie aber ein ambivalentes Verhältnis. Zu viel Tamtam macht Sie nervös, aber auch für Sie gibt es Gründe, die für eine Hochzeit sprechen: Die Steuer. Sie haben / wollen / kriegen ein Kind. Die Sicherheit. Die Eltern drängeln. Der Partner würde so gerne. Okay, sagen Sie, dann machen wir es – aber bitte im kleinen Kreis! Einerseits würden Sie am liebsten einfach kurz zu zweit aufs Standesamt gehen, andererseits wollen Sie Ihre Eltern, seine Eltern und die Freunde nicht enttäuschen. Trotzdem wollen Sie nicht die Hollywood- oder *Sissi*-Träume Ihrer Mutter und / oder besten Freundin ausleben. Ihre Vorstellung von einer Hochzeit beläuft sich eher auf eine einzelne Episode in Ihrer Lieblingsserie.
Dieses Buch hilft Ihnen, einen Kompromiss zu finden, sodass Sie und Ihre Gäste einen schönen Tag verleben.

00 VORSPANN

DIE MITWIRKENDEN

01a

01a. Die Braut

Erste Hauptperson und sehr nervös. Kann das ganze Der-schönste-Tag-im-Leben-Gerede nicht ausblenden und steht deshalb unter einem enormen Druck. Die Trauung soll romantisch werden, die Feier perfekt und sie selbst die glücklichste Frau der Welt.

01b

01b. Der Bräutigam

Zweite Hauptperson und sehr cool. Kann sich nicht vorstellen, dass irgendwas schiefgeht, und ist deshalb meist keine große Hilfe in der (notwendigen) Vorab-Diskussion von Worst-Case-Szenarien.

02a

02a. Trauzeugen

Man braucht sie heute offiziell nicht mehr, aber wo bleibt dann der Spaß? Die Trauzeugin (meist die beste Freundin) hat eine der wichtigsten Rollen: Sie muss mit zur Brautkleider-Anprobe-Tour, bei vorehelichen Streits schlichten und die Braut ganz allgemein vor dem Nervenzusammenbruch bewahren. Der Trauzeuge (Bruder oder bester Freund) bestreitet schon den Junggesellenabschied und wird häufig zum Master of Ceremony ernannt.

02b

02b. Master of Ceremony

Meist der Trauzeuge oder die Trauzeugin – oder beide. Sorgt für Kommunikation unter den Gästen, die Vorführungen u. Ä. planen. Verhindert (hoffentlich) die größten Peinlichkeiten, verwaltet evtl. die Geschenkeliste, organisiert Fahrdienste und hat für alle Fragen ein offenes Ohr und weiß meist auch eine Antwort.

03a. Mutter bzw. Schwiegermutter

Nebendarstellerin Nr. 1. Kann auch Nervfaktor Nr. 1 sein bei Vorbereitung, Feier und gern auch in der Ehe, weil sie erstens alles machen will und zweitens alles anders (gemacht hätte). Kann aber auch eine tolle Hilfe sein und diejenige, die noch rasch einen Wackelpuddingturm mitbringt, wenn das mit der Hochzeitstortenbestellung schiefgegangen ist.

03a

03b. Vater bzw. Schwiegervater

Nebendarsteller der unauffälligen Sorte: Vielleicht ein bisschen rührselig bei der Bekanntgabe der Verlobung und am Tag der Hochzeit. Aber in der Zeit dazwischen wird er eher wenig Verständnis haben für die ganze Aufregung. Als Planungshilfe daher ungeeignet. Aber vielleicht ein Ansprechpartner bei finanziellen Engpässen.

03b

04. Geschwister

Wenn vorhanden und wenn Sie nicht seit Kindertagen ungeklärte Differenzen mit sich herumschleppen, sind Geschwister wie gute Aufnahmeleiter am Set: Da sie zur Familie gehören, kann man sie ganz unbescheiden und ohne schlechtes Gewissen rund um die Hochzeitsvorbereitung einspannen. Wenn ihre oder seine Geschwister besondere Talente oder Beziehungen aufweisen: gnadenlos ausnutzen!

04

05. Kinder

Wenn Sie schon Kinder haben (egal, ob gemeinsame oder aus einer früheren Beziehung), sollten die natürlich auch ihre Hauptrollen bekommen. Als Blumenkinder oder kleine Assistenten zum Beispiel. Und bestimmt wollen sie ihr eigenes besonderes Outfit für diesen großen Tag! Schließlich werden sie sich viel in der Nähe der Braut aufhalten.

05

01 ANTRAG & VERLOBUNG

LOVESTORY Teil 1

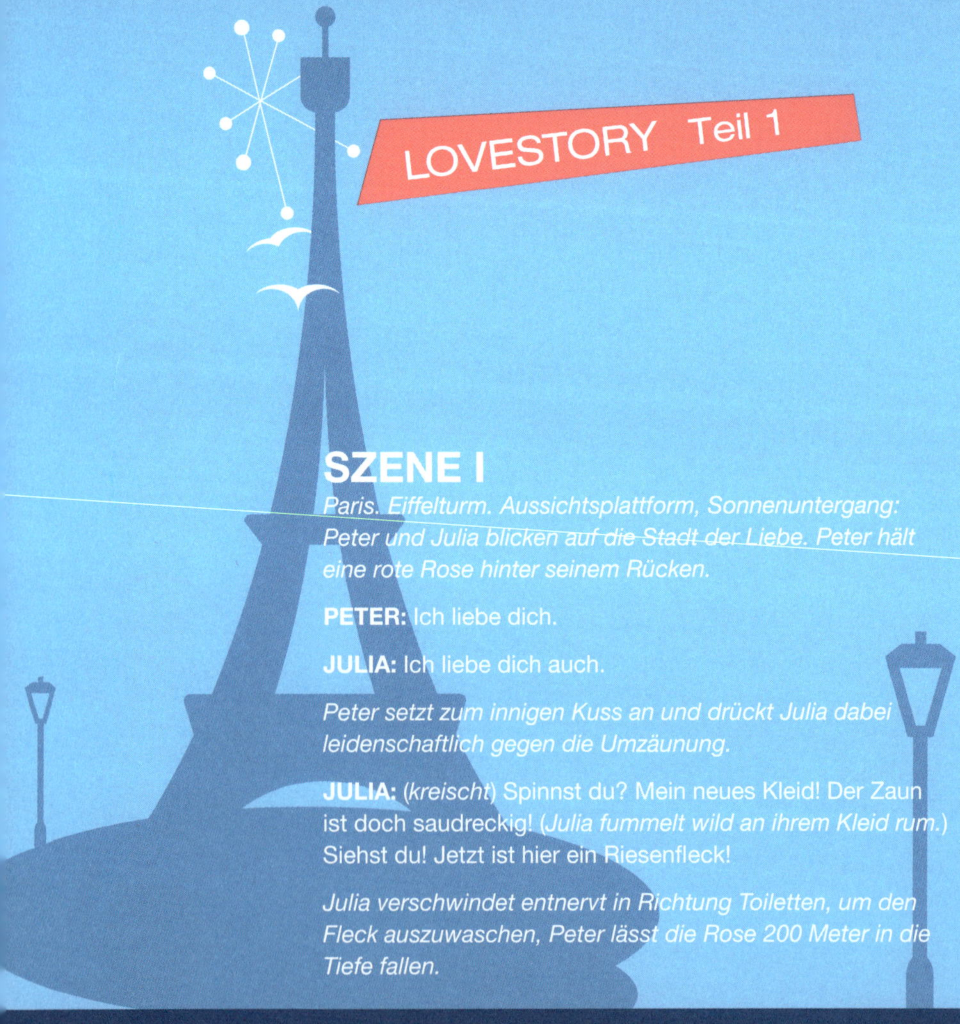

SZENE I

Paris. Eiffelturm. Aussichtsplattform, Sonnenuntergang: Peter und Julia blicken auf die Stadt der Liebe. Peter hält eine rote Rose hinter seinem Rücken.

PETER: Ich liebe dich.

JULIA: Ich liebe dich auch.

Peter setzt zum innigen Kuss an und drückt Julia dabei leidenschaftlich gegen die Umzäunung.

JULIA: (*kreischt*) Spinnst du? Mein neues Kleid! Der Zaun ist doch saudreckig! (*Julia fummelt wild an ihrem Kleid rum.*) Siehst du! Jetzt ist hier ein Riesenfleck!

Julia verschwindet entnervt in Richtung Toiletten, um den Fleck auszuwaschen, Peter lässt die Rose 200 Meter in die Tiefe fallen.

SZENE II

Hamburg, beim Italiener. Zwei Wochen später. Mädelsabend: Julia sitzt mit ihrer besten Freundin Felicitas bei Chianti und Arrabiata.

FELICITAS: Und wie war der Urlaub?

JULIA: Super. Ach, Paris ist zu schön. Das wäre auch was für die Flitterwochen.

FELICITAS: Sag' bloß, ihr heiratet endlich!

JULIA: *(kratzt mit der Gabel Riefen ins Tischtuch)* Wir haben schon 1000-mal drüber gesprochen. Eigentlich sind wir uns ja auch einig.

FELICITAS: Aber?

JULIA: Er hat mich noch nicht gefragt.

FELICITAS: ???

JULIA: Na ja, einen Antrag gemacht. Hat er noch nicht. Dabei war auf dem Eiffelturm die perfekte Gelegenheit. Aber nix. (*Pause*) Oder findest du das übertrieben – heutzutage auf einen Antrag zu warten?

01 ANTRAG & VERLOBUNG

VERLIEBT …

Zugegeben, es ist ein bisschen unromantisch im 21. Jahrhundert. Früher standen die Männer erst Schlange, um sich auf der Tanzkarte der Angebeteten einen Walzer zu sichern; man traf sich errötend hinterm Hollerbusch und irgendwann gab es einen ordnungsgemäßen Heiratsantrag mit anschließendem Um-die-Hand-anhalten beim Herrn Papa.
Heutzutage dagegen darf jede mit jedem zusammenziehen – wann immer er/sie will. Dann verbringt man vielleicht mehrere Jahre unter einem Dach, bekommt eventuell sogar Kinder, redet diverse Male rein theoretisch übers Heiraten und entschließt sich irgendwann dazu. »Wir könnten doch eigentlich auch endlich mal heiraten.« »Hm, OK. Aber dann noch dieses Jahr wegen der Steuer.« Natürlich ist es ein Fortschritt, dass die Frau in dieser Angelegenheit überhaupt mitreden darf. Die Zeiten der fremdgesteuerten Verheiratung wünscht sich niemand zurück – trotz der rauschenden Feste in Märchenkostümen. Und auch andere Freiheiten der Neuzeit möchten weder Frauen noch Männer ernsthaft missen. Trotzdem: Ein bisschen offensiv sollte man es schon angehen, wenn man von der unehelichen Lebensgemeinschaft in den heiligen Stand der Ehe wechseln will. Wenn ER also nicht mit einem filmreifen Antrag rüberkommt, dann seien Sie doch mal ganz emanzipiert und fragen ihn, ob er denn wirklich will. Wie? Das können Sie sich – ganz nach Typ (siehe S. 14/15) hier aussuchen.

Es war einmal
Vor 100 Jahren war es eigentlich undenkbar, dass die Frau den Antrag formuliert. Nur am 29. Februar, also alle vier Jahre, durften auch die Damen die Frage »Willst du mein Mann werden?« stellen – weil dieses Datum damals rechtlich als ungültig galt.

Die Anspruchsvolle

Einfach fragen »Willst du mich heiraten?« – das ist nicht Ihr Ding. Im Gegenteil: Der Heiratsantrag bietet wunderbare Möglichkeiten, sich und Ihre Beziehung in Szene zu setzen – schließlich sollen doch alle wissen, wie groß die

Liebe ist! Frei nach der Devise »Klotzen, nicht kleckern« gibt es da diverse Möglichkeiten:

- Auf einem Flugzeugbanner: Aber wenn Sie schon 200 Euro ausgeben, denken Sie sich einen originellen Text aus! (Info z. B. unter www.werbe-flug.de)
- In der Zeitung: Schalten Sie eine ganzseitige Anzeige in Ihrer örtlichen Zeitung.
- Im Kino: Vor dem Film wird Ihr persönliches Dia mit selbst formuliertem Antrag gezeigt (ab 65 Euro; Info unter www.der-besondere-heiratsantrag.de).
- Im Netz: Eine Homepage basteln (lassen) und den Link per E-Mail schicken.
- Plakativ: Ein Bettlaken bemalen und an seinem Haus aufhängen.
- De luxe: Eine Reise nach Paris buchen, einen Piccolo Champagner im Handtäschchen verstecken und in der Abenddämmerung den Eiffelturm besteigen.

Die Romantische

Schlicht soll der Antrag nicht sein, aber die ganz große Show liegt Ihnen nicht so. Sie möchten ein ganz persönliches Zeichen setzen. Hier einige Anregungen:

- Am Anfang war … Wo hatten Sie das erste richtige Date? Dahin lotsen Sie den Partner und überreichen ihm einen Gegenstand, der in Ihrer Beziehung eine besondere Bedeutung hat. Vielleicht errät er ja das Anliegen.
- Candle-Light-Dinner: Schicken Sie ihm eine offizielle Einladung für ein Essen zu Hause. Kochen Sie was Schönes im Rahmen Ihrer Möglichkeiten, decken Sie einen knallromantischen Tisch und versenken Sie einen Ring (Modeschmuck!) in seinem Champagnerglas.

- Spaziergang zu zweit: Wandern Sie zu Ihrem Lieblingsort. Überreichen Sie eine Rose – und fragen Sie einfach!

Die Pragmatische

Setzen Sie sich nicht unter Druck. Solche dramatisch-romantischen Szenen mit Champagner, Rosen oder Kaugummiautomat-Ringen liegen Ihnen einfach nicht. Macht nichts: Man kann auch heiraten, ohne vorher DIE FRAGE gestellt zu haben. Hauptsache ist, Sie sind sich einig.

Andere Länder, andere Sitten …

In Süditalien werben die Männer oft noch ganz traditionell um die Braut: Sie legen der Angebeteten abends einen kleinen Holzstamm vor die Tür. Nimmt die Frau den Antrag an, holt sie das Holz ins Haus. Lautet ihre Antwort »Nein«, rollt sie den Stamm von der Tür weg.

Verlobungsringe

Früher war es üblich, dass bei der Verlobung die Eheringe verteilt wurden. Bis zur Hochzeit wurden sie an der linken Hand getragen, um bei der Trauung an die rechte Hand zu wechseln (übrigens nur in Deutschland – in den meisten anderen Ländern werden Eheringe an der linken Hand getragen!).

Inzwischen hat sich auch in Deutschland der amerikanische Brauch des Extra-»Engagement-Ring« durchgesetzt. Die typische Hollywoodfilmszene zum Heiratsantrag geht bekanntlich so: ER schiebt eine kleine Schachtel über die Tischdecke, die SIE mit zitternden, aber perfekt manikürten Fingern öffnet, erstarrt und dann ein »Oh mein Gott, ist der schön!« haucht. Meistens nimmt sie den Ring (aus Dramaturgiegründen) gar nicht an – aber sie findet ihn auf jeden Fall mindestens »wundervoll«.

Im richtigen Leben machen Männer solche aufwendigen Inszenierungen (wenn überhaupt) nur, wenn sie sich sicher sind, dass die Frau »Ja« sagt. Das ändert aber nichts daran, dass auch die willigste Frau den Ring am liebsten auf der Stelle umtauschen würde. Die Chance, dass ER in Sachen Ring fürs Leben IHREN Geschmack trifft, steht bei 1:1000.

Ein Glück also, dass wenigstens nur der Verlobungsring einem eventuellen Geschmacksfiasko ausgeliefert ist. Das Aussuchen der Eheringe gilt heutzutage als Projekt für beide Brautleute, mit dem sie sich während ihrer gesamten Verlobungszeit vergnügen können.

Abb. Mehr ist mehr

Für Männer

Ein Heiratsantrag erscheint euch altmodisch, und außerdem kommt ihr euch absolut albern vor? Egal. Wenn ihr dieses Hochzeitsding zusammen durchzieht, werdet ihr euch noch des Öfteren wundern, warum eure rationale, moderne, sehr erwachsene Freundin plötzlich zu einer leicht hysterischen, ritualfixierten Romantikerin wird, die eher in Barbies Traumschloss zu gehören scheint als in ihr reales Leben im 21. Jahrhundert.

Die meisten Frauen träumen schon als kleines Mädchen von ihrer Hochzeit, und in diesen Träumen spielen – sorry, aber so ist es nun mal – weiße Pferde, weiße Kleider, smarte Prinzen und aufwendige Frisuren eine große Rolle. Oder was glaubt ihr, warum sie jedes Jahr zu Weihnachten heimlich »Drei Nüsse für Aschenbrödel« guckt? Das Gute für euch: Ihr seid jetzt der smarte Prinz. Das Schlechte: Ihr müsst euch auch in etwa so benehmen. Da ihr aber damals nur mit Carrerabahnen und Plastikindianern gespielt habt, fehlt euch naturgemäß das nötige Knowhow. Deshalb gibt es auf diesen Extraseiten ein paar wichtige Hinweise.

Wie gesagt: Die Sache steht und fällt mit dem richtigen Antrag. Wobei »richtig« natürlich je nach Frau definiert werden muss. Die eine hat's gern publikumswirksam nach Hollywoodvorbild, die andere lieber beim Tête-à-Tête. Hier ist Fingerspitzengefühl erforderlich oder auch eine dezente Nachfrage bei der besten Freundin. Bedenkt bitte, dass vermutlich Gott und die Welt von der ganzen Aktion erfahren werden. DER ANTRAG ist Teil der großen Hochzeitsstory, die Frauen begierig in ihr Repertoire aufnehmen und wieder und wieder zum Besten geben – gegenüber ihren Freundinnen, Kindern und Enkelkindern. Lasst euch also etwas Originelles einfallen (ja, auch hier hilft das Internet), das in größerer Runde Bestand hat, ohne total peinlich zu wirken. Dabei ist der simple Klassiker (hinknien, Rose hinhalten und DIE FRAGE stellen) immer noch besser als jedwede Variante in fragwürdiger Verkleidung oder ganz ohne Kleidung.

VERLOBT …

Er hat den Antrag angenommen? Glückwunsch! Er ist Ihnen mit einem filmreifen, genau richtig kitschig-romantisch-überzeugenden Antrag zuvorgekommen? Extraglückwunsch.

Dann sind Sie jetzt verlobt. Wie, verlobt? Spießig, antiquiert, undenkbar? Wie auch immer Sie zum Thema Verlobung stehen – ein gegenseitiges Eheversprechen gilt als Verlöbnis. Und daraus ergeben sich auch im 21. Jahrhundert noch rechtliche Verpflichtungen, nachzulesen im BGB §§ 1297–1302. Das Verlöbnis gilt als Vertrag – allerdings kann man nicht wie bei einem Kauf- oder Mietvertrag auf Erfüllung klagen. Das heißt, wenn der Typ nach dem angenommenen Antrag mit einer anderen durchbrennt, haben Sie leider Pech gehabt: Sie können ihn nicht per Gerichtsbeschluss zwingen, Sie zu heiraten. Kranzgeld können Sie heutzutage zwar auch nicht mehr verlangen, aber immerhin müsste der flüchtige Verlobte Ihnen den materiellen Schaden ersetzen, den Sie durch die »Entlobung« haben – zum Beispiel Vorauszahlungen für die Hochzeitsfeier. Verlobungsgeschenke müsste er zurückgeben, und falls Sie Ihren Job gekündigt haben, um ihm den Haushalt zu führen, müsste er auch dafür Schadenersatz leisten. Gut zu wissen – auch wenn das sehr unwahrscheinlich klingt, weil Sie ja erstens emanzipiert sind und zweitens gerade im siebten Himmel schweben …

Zu einer offiziellen Verlobung kann man so oder so stehen. Früher war sie unabdingbar, dann galt sie lange Zeit als völlig spießig – aber inzwischen ist sie wieder ziemlich angesagt. Vielleicht möchte man der Familie und den Freunden gern mitteilen, dass man sich füreinander entschieden hat, oder man will einfach mit dem Feiern so früh wie möglich anfangen – und warum sollte man sich die Verlobungsgeschenke entgehen lassen?

AHA

GUT ZU WISSEN

Das Kranzgeld konnte eine Frau von ihrem Ex forden, wenn dieser das Verlöbnis löste, nachdem sie ihm die »Beiwohnung gestattet« hatte. Eine jungfräuliche Braut durfte nämlich zur Hochzeit einen Myrthenkranz tragen, während sich die Entjungferte mit einem Strohkranz begnügen musste. Noch bis 1998 war der Anspruch auf Kranzgeld im BGB geregelt – allerdings hatte der entsprechende § 1300 in den letzten Jahrzehnten praktisch keine Bedeutung mehr.

Falls sich die Familien der zukünftigen Ehepartner noch gar nicht oder nur teilweise kennen, kann die Verlobungsfeier auch ein schöner Anlass sein, alle einander vorzustellen. Früher fand die Feier übrigens im Haus der Brauteltern statt und wurde auch von ihnen bezahlt. Heutzutage zahlen die Brautleute meistens selbst – und bestimmen auch die Location. Wie genau Sie Ihre Verlobung feiern, hängt wiederum ganz davon ab, wie Sie sich in Szene setzen wollen.

Die Anspruchsvolle

Es soll perfekt werden. Formvollendet, filmreif, feierlich. Dann sehen Sie die Verlobungsfeier als Probelauf für die Hochzeit. Machen Sie eine Gästeliste, verschicken Sie Einladungskarten, schalten Sie eine Verlobungsanzeige in der Zeitung, mieten Sie einen separaten Raum in einem schönen Restaurant. Freuen Sie sich auf tolle Geschenke, denn es ist durchaus üblich, dass sich die Gäste zur Verlobung schon mal spendabel zeigen. Bereiten Sie eine kleine Ansprache vor und tauschen Sie feierlich Ihre Ringe. Achtung: Wenn Sie eine superduper Verlobung planen, bedenken Sie, dass die Hochzeit schließlich das Fest der Feste werden soll. Behalten Sie also genug Trümpfe in der Hinterhand.

Die Romantische

Seine Eltern, Ihre Eltern, die Geschwister – Ihre Verlobung wird eine kleine Familienzusammenkunft. Dazu brauchen Sie weder Drehbuch noch schriftliche Einladungen, es reicht, den Gästen telefonisch Bescheid zu sagen. Bestellen Sie einen Tisch bei Ihrem Lieblingsitaliener oder lassen Sie sich ein kleines Buffet nach Hause liefern – in den eigenen vier Wänden und ein bisschen improvisiert kann so

Abb. Verlobt

eine Feier ganz besonders charmant sein. Wenn Sie nach Wünschen für Verlobungsgeschenke gefragt werden, bitten Sie vielleicht einfach um einen Zuschuss zur Hochzeit. Sie können ein Glücksschwein im Flur aufstellen – so kann jeder anonym seinen Teil für das Hauptfest beitragen.

Die Pragmatische

Wenn es Ihnen schon schwerfällt, sich an den Gedanken einer Hochzeitsfeier zu gewöhnen, wird eine offizielle Verlobung für Sie wohl kaum infrage kommen. Machen Sie sich doch trotzdem mal einen besonders schönen Abend: Treffen Sie Ihre besten Freunde in einer netten Bar und

schmeißen Sie eine Runde Prosecco. Dann geben Sie Ihren Hochzeitstermin bekannt und alle stoßen darauf an. Verlobung light – und keiner hat's gemerkt.
Übrigens: Seien Sie froh, dass Sie nichts vorweisen müssen, um sich zu verloben: In ländlichen Gegenden, wo man es sich nicht leisten konnte, eine kinderlose Ehe zu riskieren, mussten erst Tatsachen geschaffen werden: Das Brautpaar traf sich zu heimlichen Schäferstündchen und gab die Verlobung nicht bekannt, bevor die Frau schwanger war.

Profitipp
Denken Sie daran, dass Ihre Eltern und zukünftigen Schwiegereltern nicht sehr erbaut sein werden, wenn Sie erst durch die Einladung von Ihren Heiratsplänen erfahren. Eigentlich wären sie gern die ersten Gratulanten. Wenn Sie es förmlich und nostalgisch mögen, lassen Sie Ihren Liebsten bei Ihrem Vater um Ihre Hand anhalten. Heutzutage eher eine rhetorische Frage – aber manche Eltern freut diese Geste sehr.

H+L Berühmte Liebespaare

Gerade Hollywood ist voll von tragischen Scheidungskriegen – aber es gibt auch Ausnahmen. Und mit denen darf man mal ein bisschen schmachten.

Humphrey Bogart & Lauren Bacall
Grüne Augen, braune Locken, tiefe Stimme. Die 19-jährige Lauren Bacall trifft den 25 Jahre älteren Humphrey Bogart bei den Dreharbeiten zum Film *Haben und Nichthaben*. Es ist Liebe auf den ersten Blick. Bogie und Bacall (er nennt sie »Baby«) heiraten 1945, bekommen zwei Kinder und sind während ihrer zwölf Ehejahre nur ein einziges Mal für drei Monate getrennt. Eine große Hollywood-Liebe, die durch Bogarts Tod im Jahre 1957 ein tragisches Ende findet.

Ich befürworte eine lange Verlobungszeit, denn sie verkürzt die Ehe.

George Bernard Shaw

Lange vor dem großen Auftritt …

… ist Träumen erlaubt: In den nächsten Wochen dürfen Sie Ihre ganze Fantasie spielen lassen – in der Bahn, in langweiligen Konferenzen, beim Schaumbad können Sie sich ausmalen, wie Ihre ganz persönliche Traumhochzeit aussehen soll.
… sind Gespräche erwünscht: Auch wenn der Mann per se nicht lange im Voraus denken kann: Nötigen Sie ihn immer mal abends beim Glas Wein zu einer zwanglosen Unterhaltung über das bevorstehende Fest. Vielleicht können Sie ohne große Szenen ausloten, welche Art und Größe der Feier für Sie beide realistisch ist.
… wird die neue Rolle einstudiert: Früher hätten Sie jetzt schon mal anfangen können, die Unterschrift mit seinem Nachnamen zu üben – heutzutage dürfen Sie Ihren Namen behalten. Oder er nimmt Ihren an. Sie können schon mal vorsichtige Erkundungen einholen, wie Ihr Liebster zu diesem Thema steht.

Ein Buch – ein Film

Der Buchtitel passt perfekt zu Ihrer momentanen Situation: *Lucy Sullivan wird heiraten*. Perfekte Couch-Literatur von Marian Keyes: Eine Wahrsagerin prophezeit Lucy, dass sie innerhalb der nächsten 18 Monate heiraten wird. Ihre Freundinnen sind begeistert und informieren ganz London. Nur Lucy selbst ist sehr skeptisch.

Und wenn Sie ihre Trauzeugin gefunden haben, planen Sie doch zur Einstimmung auf die Hochzeitsvorbereitungen einen DVD-Abend mit *Muriels Hochzeit*. Die Titelheldin leidet unter ihrer pummeligen Figur und auch sonst läuft einiges schief in Muriels Leben. In ihrer Traumwelt (in der sehr viele ABBA-Songs vorkommen – superlustig!) sieht sie sich als märchenhafte Braut. Aber im echten Leben muss erst viel passieren, bevor sie ihr Glück findet.

Geschenke

Eine Hochzeit ist wie Weihnachten: Geschenke, Geschenke, Geschenke. Damit das Auspacken am Morgen danach nicht zum Horrortrip wird (Angora-Unterwäsche in XL! Messerbänkchen in Hundeform! Mixer in fünffacher Ausführung!), hat es sich durchgesetzt, dass das Brautpaar ganz ungeniert vorab seine Wünsche äußern darf – und zwar am besten schon mit der Einladung.

Sie müssen sich daher rechtzeitig überlegen, ob Sie lieber Geld- oder Sachgeschenke hätten. Erstere haben den Vorteil, dass Sie damit gleich die Feier finanzieren können, Letztere machen natürlich viel mehr Spaß. 1901 hat ein schlauer Amerikaner die Geschenkeliste erfunden – seitdem kriegen Brautpaare wesentlich weniger Scheußlichkeiten und nicht mehr alles doppelt. Früher lag die Liste meistens in einem (Haushaltswaren-)Geschäft aus, heutzutage kann sie auch im Internet eingerichtet werden (z. B. unter www.wunschgalerie.de). So können Sie sich nicht nur Porzellan wünschen, sondern eigentlich alles – vom Taschenbuch bis zur Kreuzfahrt. Haben Sie als Kind gerne Barbies Wohnwagen und die Puppenküche aus bunten Werbeprospekten ausgeschnitten und daraus einen sehr unbescheidenen Wunschzettel geklebt? So ähnlich ist es, wenn man einen Hochzeitstisch im Internet erstellt – nur 1000-mal besser, weil Sie erstens mehr Wünsche äußern dürfen und zweitens die Wahrscheinlichkeit auf Erfüllung wesentlich größer ist!
Auch für die Gäste ist die Internetversion

praktisch, weil sie gleich online bestellen können. Es empfiehlt sich allerdings, für Computer-Verweigerer eine haptische Alternative bereitzuhalten und diese auch gleich mit der Einladung zu verschicken.

Give-aways

In vielen Ländern ist es selbstverständlich, den Hochzeitsgästen ein kleines Dankeschön mitzugeben. Wie beim Kindergeburtstag? Ganz genau. Nur dass es jetzt keine Brausepulverbonbons und Lakritzschlangen gibt, sondern edle Pralinen oder – wenn Sie auf traditionelles Brauchtum zurückgreifen wollen – für jeden Gast fünf Hochzeitsmandeln. Sie stehen für Gesundheit, Glück, Wohlstand, Fruchtbarkeit und ein langes Leben. Sie können die Mandeln in stilvoller Verpackung kaufen oder aber kiloweise im Internet bestellen und selbst verpacken, zum Beispiel in Tüll- oder Organzasäckchen. Wenn Sie noch Namensschildchen dranhängen, haben Sie gleich ganz individuelle Tischkärtchen!

Was heute international als »Give-away« bezeichnet wird, ist eine Tradition, die von Louis XIV begründet wurde. An seinem Hof gab es immer mal kleine Bonbonnieren aus Gold oder Silber. Seine Untertanen wollten es ihm nachtun, konnten sich so viel Luxus aber nicht leisten. Deshalb schnitten sie den Tüll der Braut in Stücke, fertigten kleine Säckchen daraus und füllten diese mit gezuckerten Mandeln.

02 WANN, WER, WO?

LOVESTORY Teil 2

SZENE III

Bei Julia und Peter zu Hause spätabends.
Peter sitzt am Tisch zwischen lauter Zetteln. Julia rennt aufgebracht auf und ab.

PETER: 200 Leute! Wer soll denn das bezahlen?

JULIA: Na, wenn wir deine Tante Irene einladen, müssen wir halt auch Onkel Herbert einladen.

PETER: Dann laden wir Irene eben nicht ein.

JULIA: Bist du verrückt? Sie ist doch deine Patentante.

PETER: (*resigniert*) O.k. Aber in einer Seilbahn heiraten ist wirklich nicht romantisch. Außerdem habe ich Höhenangst.

JULIA: *(schmollend)* Aber ich will auf jeden Fall eine besondere Location!

PETER: *(nimmt sie versöhnlich in den Arm)* Du bist doch das Besondere, Schatz!

Julia verdreht die Augen.

SZENE IV

Wochenende. Völkerkunde-Museum, Maori-Haus. Julia und Peter lassen sich die Zeremonie erklären.

DIREKTOR: Getraut würden Sie in diesem 100 Jahre alten originalen Versammlungshaus der Maori.

JULIA: *(zerrt Peter mit in das Holzhaus)* Ist das ROMANTISCH! Und so exotisch! Stell dir vor, was die Feli dazu sagen wird!

DIREKTOR: Ja, wir wollen Ihnen wirklich einen gelungenen Mix an Mystik und Romantik bieten. Deshalb werden Sie auch ganz nach Maori-Sitte zur Trauung in das Innere eines Ahnen steigen. *(sieht Peters entsetzten Blick, räuspert sich)* Natürlich nur symbolisch.

JULIA: Super. Toll. *(Seitenblick auf Peter)* Sag doch auch mal was, Schatz!

PETER: *(guckt sehr skeptisch)* Bekommen wir dafür auch eine deutsche Heiratsurkunde oder gelten wir nur in der Südsee als Mann und Frau?

DIREKTOR: *(lacht etwas verkrampft)* Na ja, natürlich muss ein Standesbeamter dabei sein. *(zuckt entschuldigend die Schultern)* Sie wissen schon, deutsche Bürokratie.

02 WANN, WER, WO?

DRUM PRÜFE, WER SICH EWIG BINDET …

… ob sich das Herz zum Herzen findet. Der Wahn ist kurz, die Reu ist lang. So dichtete Friedrich Schiller 1799 in seinem *Lied von der Glocke* sehr weise. Die Verlobungszeit gibt zum Prüfen ausreichend Gelegenheit: Es gibt durchaus Brautleute, die planen zwei Jahre lang ihre Hochzeit oder sogar noch länger. Sie wohnen schon seit fünf Jahren zusammen und haben genug geprüft? Jetzt soll's endlich losgehen mit der Ehe und zwei Jahre wollen Sie auf keinen Fall mehr warten? Keine Panik. Wenn Sie nicht gerade ein Ja-Wort bei den Maori planen und die neunzigköpfige Hochzeitsgesellschaft per Katamaran dorthin segeln soll, wird auch ein Jahr Vorbereitungszeit genügen. Das wiederum bedeutet nicht, dass Sie ein Jahr lang jeden Tag Brautmodenläden durchkämmen sollen, sofort die Einladungen verschicken müssen oder jeden Abend mit Ihrem Liebsten den großen Tag durchsprechen werden.
Aber einige grundsätzliche Dinge sollten schon etwa ein Jahr vorher klar sein. Der Termin, natürlich, denn damit steht und fällt alles. Außerdem sollten Sie sich beide in Ruhe die Gretchenfrage stellen: »Wie hältst du es mit der Religion«, fragte die ihren Faust und machte davon einiges abhängig. Zwar ist die Religion heutzutage nicht mehr so lebensbestimmend wie vor 200 Jahren, aber Sie werden sich wundern, in welche Diskussionsabgründe sie zwei Brautleute vor der Ehe führen kann. Für viele Frauen gehört der Weg vor den Altar nun mal ganz unbedingt zum Gesamtbild ihrer Hochzeit dazu – selbst wenn sie sonst höchstens Heiligabend in den Gottesdienst gehen. Viele Männer können sich eine kirchliche Heirat gar nicht vorstellen. Manchmal ist es natürlich auch umgekehrt. Also: Reden Sie rechtzeitig und in Ruhe darüber (siehe auch S. 86).
Schnell entscheiden sollten Sie auch, wo Sie feiern wollen, denn die besten Plätze sind schnell ausgebucht. Um

die passende Location auszuwählen, müssen Sie in etwa wissen, wie viele Leute kommen sollen – das heißt, eine Gästeliste sollten Sie ebenfalls recht bald erstellen.

Wann?

Grundsätzlich gilt es erst mal zu klären, in welcher Jahreszeit Sie heiraten wollen. Spontan würden jetzt wahrscheinlich 90 % aller Brautleute sagen: »Im Sommer!« Ein sonniger Früh- oder Spätsommertag entspricht den gängigen Hochzeitsfantasien am ehesten: Der Umtrunk vor der Kirche, das Foto, die festlich gekleideten Gäste, die Feier in einem lauschigen Garten – all das macht sich wesentlich besser, wenn die Sonne scheint.
Aber bedenken Sie, dass es in unseren Breiten in keinem Monat eine Garantie für gutes Wetter gibt. Außerdem sind die Sommertermine begehrt und daher schnell ausgebucht. Und schließlich könnte es auch sein, dass viele Gäste gerade dann keine Zeit haben, weil sie schon eigene (Ferien-) Pläne haben.
Versuchen Sie auf jeden Fall einen Termin außerhalb der Schulferien zu finden und suchen Sie eine Location, bei der das Wetter eine untergeordnete Rolle spielt. Wenn Sie zum Beispiel auf einer mittelalterlichen Festung heiraten, kann das im Winter genauso reizvoll sein!
Wenn es darum geht, das Datum für die kirchliche und standesamtliche Trauung (= der Hochzeitstag!) zu finden, haben viele Paare genaue Vorstellungen: Eine Schnapszahl soll es sein, der Kennenlerntag oder irgendein anderes Datum mit tieferer Bedeutung für die Beziehung. Vielleicht auch der Hochzeitstag der Großeltern oder wenigstens ein Datum, das sich leicht merken lässt, damit der Liebste auch nie die Blumen vergisst. Spinnen Sie ruhig ein wenig rum – wenn Sie rechtzeitig mit der Planung anfangen, könnten Sie Glück haben und Ihr Wunschdatum steht später tatsächlich in der Heiratsurkunde.

Es war einmal

Früher galt es als am sichersten, im Herbst zur Erntezeit zu heiraten, weil man dann genug zu essen hatte. In England gibt es daher ein altes Sprichwort: »Marry in September's shine, your living will be rich and fine.« Außerdem gab es Reime für den (angeblich) besten Wochentag: »Monday for wealth, Tuesday for health, Wednesday the best of all, Thursday for crosses, Friday for losses, Saturday no luck at all.«

Wer?

Für sämtliche weitere Planungen ist es unabdingbar, zunächst den Rahmen für die Hochzeit festzulegen. Sprechen Sie mit Ihrem Partner nicht zwischen Tür und Angel darüber, sondern verabreden Sie sich für einen Abend, machen Sie es sich bei einem Glas Wein gemütlich und klären Sie erst mal, ein paar grundlegende Dinge: Ob es ein rauschendes Fest werden soll oder eher eine Feier im engeren Kreis. Ob sich der Bräutigam mit Ihren Vorstellungen von Ritterburg und mittelalterlicher Atmosphäre anfreunden kann. Ob die exotische Variante von der heimlichen Hochzeit unter Palmen nicht doch für beide ganz reizvoll ist.

Überlegen Sie dann gemeinsam, wie viel Geld Sie für die ganze Veranstaltung ausgeben können und wollen. Setzen Sie sich ein finanzielles Limit und machen Sie eine Liste, was Sie für dieses Geld »bekommen« wollen. Viele Gäste, eine exklusive Location, Einladungen auf Büttenpapier, ein Fünf-Sterne-Menü, das Traumkleid in Samt und Seide, der maßgeschneiderte Anzug, ein Champagner-Umtrunk vor dem Standesamt, Brillantringe, eine Kutschfahrt zur Kirche, eine Live-Band, Flitterwochen auf den Malediven – das alles sind Kostenfaktoren, die es zu bedenken gilt.

Am liebsten hätte man natürlich alles, aber so viel Geld haben die meisten Paare nicht – oder schrecken davor zurück, alle Ersparnisse für die Hochzeit auf den Kopf zu hauen.

Es läuft also auf eine Abwägung der Prioritäten hinaus: Was ist Ihnen am wichtigsten? Wenn Sie alle Ihre Freunde und nahe sowie entfernte Verwandte dabeihaben wollen, verzichten Sie vielleicht auf die exklusive Location und feiern stattdessen in einem Restaurant in der Nähe. Statt Champagner-Menü mit Hummer-Amuse-Gueules wählen Sie eine einfachere Variante – was der Stimmung bestimmt keinen Abbruch tun wird. Wenn Sie hingegen ohnehin nur wenige Gäste einladen wollen, können Sie mehr Geld für den äußeren Rahmen ausgeben.

Profitipp

Beim Standesamt können Sie sich übrigens erst sechs Monate vorher anmelden. Wenn Sie also ein Datum im Auge haben, das bei allen begehrt sein wird (8.8.08 oder 20.09.2009), sollten Sie auf den (Werk-)Tag genau sechs Monate vorher gleich zu Beginn der Öffnungszeit beim Standesamt vorstellig werden und bereits alle Dokumente parat haben (siehe auch S. 77)!

Abb. Budgetplanung
01a Ersparnisse plündern
01b Oder eben nicht

BUDGETPLANER

In jedem Fall müssen Sie erst mal alles gründlich durchrechnen. Überschlagen Sie, wie viel Essen und Trinken für etwa 100 Gäste kostet, addieren Sie ungefähre Kosten für die Location, die Musik, Ihr Kleid etc. – und dann überlegen Sie, ob Sie mit der Endsumme leben können oder Abstriche machen müssen. Machen Sie unbedingt eine schriftliche Kalkulation! (Siehe auch www.sanssouci-verlag.de/budget planer) Ja, das klingt nervig und unromantisch – und ist es auch, aber noch unromantischer wird es, wenn Sie nach der Hochzeit feststellen, dass Sie vor dem finanziellen Desaster stehen. Achten Sie besonders auf die vermeintlichen

02 WANN, WER, WO?

»Peanuts«, wie Kosten für den Brautstrauß und die Endreinigung des Festsaals, denn viele solcher Kleinigkeiten ergeben zusammen eine beunruhigende Summe. Notieren Sie zu jedem Posten, was Sie ausgeben wollen (bzw. können), und anschließend – wenn Sie sich z. B. für ein Kleid oder die Trauringe entschieden haben – die tatsächlichen Kosten. Das könnte dann so aussehen:

Erscheinungsbild der Braut	Plan	Ist
Outfit fürs Standesamt	€	€
Brautkleid	€	€
Schuhe	€	€
Handschuhe	€	€
Tasche	€	€
Dessous	€	€
Strümpfe / Strumpfhose	€	€
Friseur	€	€
Kosmetikerin	€	€
Brautstrauß!	€	€

Erscheinungsbild des Bräutigams	Plan	Ist
guter Anzug fürs Standesamt	€	€
super Anzug für die Kirche	€	€
zwei Hemden	€	€
Fliege / Krawatte	€	€
Schuhe	€	€
Friseur	€	€
Hut	€	€
Trauringe!	€	€

Papierkram	Plan	Ist
Einladungen, Umschläge, Porto	€	€
Dankeskarten (+ Foto)	€	€
Tischkarten	€	€
evtl. Menükarten	€	€

Profitipp

Am besten, Sie nutzen unseren Budgetplaner im Internet: www.sanssouci-verlag.de/budgetplaner

Für Männer

Natürlich wollt ihr sie gerne heiraten. Natürlich wollt ihr eine schöne Feier. Natürlich wollt ihr euch auch darum kümmern. Aber doch nicht jetzt. Es ist ja noch soo lange hin. Und trotzdem sollt ihr ständig irgendwelche Burgen besichtigen, über Einladungstexten brüten und die 27. Version der Gästeliste durchsprechen.

Nun, leider gibt es einige Dinge im Leben, die tatsächlich Monate im voraus geplant werden müssen – die Hochzeit gehört dazu. Entweder man bucht die Location jetzt oder man feiert am Ende in irgendeiner Spelunke in der Altstadt. Ist euch egal, Hauptsache eure alten Studienfreunde und die Jungs vom Fußball sind dabei? Schön, dass ihr so anspruchslos seid, aber eure zukünftige Frau hätte es gerne ein bisschen schön. Also zeigt bitte Interesse für Burgen, geprägte Tauben auf Büttenpapier und die Problematik Wunschgäste versus Pflichtgäste. Ach ja – apropos Wunschgäste: Super wenn ihr euch immer noch so toll mit eurer Ex (attraktiv, Single, unter 30) versteht, aber vielleicht könntet ihr darauf verzichten, sie zur Hochzeit einzuladen. Sie hätte bestimmt Verständnis dafür. Eure Braut wird im Gegenzug großzügig gestatten, diese nette Ex-Ex-Ex-Freundin auf die Gästeliste zu setzen, mit der ihr in der 12. Klasse liiert wart und die nach dem dritten Kind ein paar Gewichtsprobleme hat.

Es kann ferner nichts schaden, beim Stadtbummel mal eigeninitiativ vor Juwelieren und Brautmodengeschäften innezuhalten und Sätze zu sprechen wie »Schatz, was hältst du denn von diesen Ringen hier?« oder »Liebes, in dem Kleid würdest du bestimmt hinreißend aussehen!«. Ja, das klingt wie in einem kitschigen Film, aber genau so soll eine Hochzeit sein! Mit etwas gutem Willen und den richtigen Äußerungen macht ihr eure Frau schon vor dem Ja-Wort glücklich – und erspart euch außerdem hysterische Szenen, die die Hochzeitsvorbereitungen ja gerne mal zum Showdown werden lassen …

Abb. Diskussionsverhalten

01 Do's

02 Don'ts

01

Signalisieren Sie Aufmerksamkeit

Bewährte Notlösung

02

Keine emotionale Erpressung

Bleiben Sie fair

Probleme nicht mit ins Bett nehmen

Seien Sie ehrlich

Grundsatzdiskus-sionen meiden

Schmollen Sie nicht

Achten Sie unbedingt auf Ihre Körpersprache. Wer Blickkontakt meidet, die Arme verschränkt oder dem Partner den Rücken zukehrt, riskiert, als missachtend und stur interpretiert zu werden.

Ungebetene Gäste
Wenn Sie sich unterhalten, wer zu Ihrer Hochzeit kommen soll, sparen Sie bloß kein Tabu aus! Frühere Beziehungen sollten ebenso thematisiert werden wie die neuen Partner der geschiedenen Elternteile. Das wird eine hochbrisante Gästeliste? Gerade dann hilft Verdrängen ausnahmsweise mal nicht – spätestens bei der Sitzordnung müssen Sie die tickenden Zeitbomben sowieso entschärfen. In allen Ex-Fällen der Elterngeneration hilft vielleicht ein offenes Wort mit denselben. Was Ihre eigene Vergangenheit angeht, müssen Sie beide ausdiskutieren, wie viel Ex Ihre Hochzeit verträgt. Auch wenn Sie einen tollen Anlass wittern, um Ihre sämtlichen früheren Liebschaften mal wieder zu sehen, sollten Sie die Gutmütigkeit Ihres Zukünftigen nicht überstrapazieren.

Wo? Welche Locations gibt es?
Hat Ihre Kalkulation ergeben, dass es kein finanzielles Limit gibt? Guuuut! Dann können Sie sich die coolste Location aussuchen und viele, viele Gäste dahin einladen. Oder gleich einen Wedding Planner engagieren.
Sie sind kein Hollywoodstar und keine Kronprinzessin? OK. Dann ist das mit dem grenzenlosen Geld eher utopisch. In diesem Fall müssen Sie sich darüber im Klaren sein, dass schon in dem Wort »Location« die Dollarzeichen blinken. Mit 100 Gästen im einsamen Alpen-Château – das ist zwar eine reizvolle Vorstellung, aber niemals billig. Alles, was exklusiver ist als der nette Italiener nebenan, kostet auch exklusiv extra.

Im Folgenden sind einige Möglichkeiten aufgelistet – dem Hochzeitstyp entsprechend. Vielleicht können Sie sich jeweils die für Sie passenden Bausteine rauspicken und haben dann den Grundstein für Ihr eigenes Hochzeitsevent.

AHA

GUT ZU WISSEN
Der Hochzeitsplaner (coolere Bezeichnung: Wedding Planner) wurde natürlich in Amerika erfunden, erfreut sich aber auch hierzulande wachsender Beliebtheit. Vorsicht: Auch wenn seriöse Hochzeitsplaner nur die besten Absichten haben, ist das Ergebnis manchmal ein Fest, auf dem Sie selbst eher ein (leicht befremdeter) Gast sind.

02 WANN, WER, WO?

Die Anspruchsvolle

Sie mögen es pompös und ohne Kompromisse. Wahrscheinlich werden Sie sich dafür entscheiden, die kirchliche Trauung in das Gesamtkonzept Ihrer Hochzeit einzubinden – also das Ja-Wort in der mittelalterlichen Hochzeitskirche, Feier in der nahe gelegenen Burg. Trotzdem könnten Sie gerade mit der standesamtlichen Trauung noch einen drauf setzen!

- Auf dem Wasser: Trauungen auf Schiffen gibt es in allen Städten am Meer, an großen Flüssen oder Seen. Ganz exklusiv z. B. auf dem Segelschiff »Passat« in Lübeck.
- Unter Wasser: Tauchtrauungen sind vor allem bei Hochzeiten in exotischen Ferienzielen en vogue.
- In der Luft: Beim Fallschirmsprung, im Heißluftballon, im Flugzeug, im Hubschrauber – es gibt nichts, was es nicht gibt.
- Im Zoo: Tierische Trauungen sind in einigen Zoos möglich; fragen Sie unbedingt, welche Tiere unmittelbar dabei sein werden! So bietet der Berliner Zoo das Flusspferdhaus an, in Duisburg tut man es bei den Elefanten …
- In einer Seilbahn: In Bad Harzburg, Niedersachsen, passen Brautpaar, Trauzeugen und Standesbeamter in die Hochzeitsgondel, weitere Gäste schweben hinterher oder warten auf dem Berg (www.bad-harzburg.de).
- Auf dem Empire State Building in New York: Geht nur am Valentinstag und nur für die wenigsten. Die Paare müssen sich qualifizieren, das heißt eine möglichst originelle Begründung liefern, warum sie dort heiraten wollen (schriftliche Anfragen an: Empire State Building, 350 Fifth Avenue, New York, NY 10118). Wenn es klappt, ist diese Location auf jeden Fall nicht zu toppen!

Mit einem außergewöhnlichen Ort für die Trauung haben Sie schon mal ein Zeichen für Ihre Traumhochzeit gesetzt. Nun geht es noch darum, die richtige Location für die Feier zu finden. Natürlich sind auch hier die Möglichkeiten praktisch unbegrenzt.

- In historischem Ambiente: z. B. im Kloster Hornbach (Südwestpfalz), das im 8. Jahrhundert auf intensiven Kraftfeldern (!) erbaut wurde, mit eigenem Standesamt und Abtskapelle (www.kloster-hornbach.de). Oder auf einer echten Ritterfestung: Burg Boetzelaer in Nordrhein-Westfalen bietet ebenfalls eine eigene Kapelle und für das Fest einen ritterlichen Gewölbesaal aus dem späten Mittelalter (www.burgboetzelaer.de). Märchenhochzeit garantiert.
- Auf der Bühne: Fragen Sie mal bei den Theatern Ihrer Stadt nach – einige Häuser vermieten kleinere Säle mit Bühne und Catering.
- Auf einer deutschen Trauminsel: Nein, nicht Sylt – Rügen ist zurzeit sehr angesagt für Hochzeiten. Da gibt es ein Jagdschloss, eine Uferkapelle, einen Leuchtturm und eine Seebrücke mit Standesamt. Der Tourismusverband Rügen hat sogar eine Extrabroschüre mit dem schönen Titel »Ja, ich will!« herausgegeben (Info unter 03838 80 77 80 oder www.ruegen.de).
- Unter Palmen: Natürlich können Sie auch Ihre ganze Feier nach Mallorca oder Capri verlegen. Hochdramatisch, total exklusiv – aber wahrscheinlich werden die meisten Gäste die teure Anreise scheuen. Vielleicht verzichten Sie auf die Geschenke und buchen für alle Gäste Billigflüge (siehe auch S. 49: Heiraten im Ausland).

Die Romantische

Es soll besonders werden und romantisch. In den modernen Standesämtern, wo ein Herzmobile am Gummibaum oft als einziger Hinweis auf die Tragweite der Situation dient, können Sie Ihre Barbie & Ken-Vorstellungen auf keinen Fall verwirklichen. Keine Sorge: Zu grauen Bürosesseln muss heutzutage niemand mehr »Ja« sagen. Dafür sind die Alternativen viel zu verheißungsvoll.

- Im *Sissi*-Ambiente: Deutschland hat so viele Schlösser – jede Amerikanerin würde ausflippen, wenn sie die Möglichkeit hätte, sich zum Beispiel im schleswig-holsteinischen Schloss Gottorf unter goldenen Rokoko-Schnörkeln trauen zu lassen! (www.sh-tourismus.de)
- Unterm Sternenhimmel: Viele Planetarien bieten Trauungen in der Kuppel an. Damit der Standesbeamte mit Ihnen in die Sterne schaut, sind etwa 200 Euro fällig. Wenn Sie noch eine Extra-Astrologie-Stunde haben wollen, wird es teuer. In Hamburg zum Beispiel 1900 Euro (www.planetarium-hamburg.de).
- In Venedig: Romantischer geht's nicht. Das Standesamt liegt direkt am Canal Grande, hingefahren werden Sie natürlich mit einer original Hochzeitsgondel. Ein Hochzeitsarrangement mit drei Übernachtungen gibt es schon für etwa 1000 Euro.
- In einem schönen Standesamt: Ja, die gibt es auch. Und da kostet es auch nix extra. Glück haben zum Beispiel die Einwohner von Neukirchen in Hessen. Dort gibt es ein Standesamt in einem mittelalterlichen Turm – Rapunzel lässt grüßen. Weitere besondere Standesämter unter www.weddix.de

Profitipp

Heiraten können Sie in jedem Standesamt in Deutschland bzw. überall dort, wo ein Standesbeamter sich hinlotsen lässt. Anmelden müssen Sie die Eheschließung aber in Ihrem Wohnort (oder dem des Verlobten). Die Papiere werden dann entsprechend weitergeleitet.

Wenn Sie nicht direkt dort feiern wollen oder können, wo Sie getraut wurden, gibt es weitere unzählige Möglichkeiten, Ihre Romanze filmreif fortzusetzen. Vielleicht haben Sie schon DIE Hochzeits-Location in Ihrem Ort im Auge – wenn nicht, gibt es hier ein paar Anregungen.

- Hochherrschaftlich: Ein Gutshof bietet ein wunderbares Ambiente für Ihre Hochzeitsromanze. Mecklenburg-Vorpommern etwa ist für seine Gutshöfe bekannt (www.heiraten-in-mv.de). Wenn Sie Glück haben, finden Sie einen Hof in genau der richtigen Größe, sodass all Ihre Gäste dort Platz finden und Sie das ganze Haus für sich haben. Und dann mit der Hochzeitskutsche vorfahren – echtes Jane-Austen-Flair!
- Mitten in der Natur I: Wie wäre es mit einer Almhütte inklusive Bergbach, Wiese und Vogelgezwitscher? Die Weiße Valepp Alm in den bayerischen Alpen ist allerdings wirklich klein und fein: Mehr als 30 Gäste dürfen'S nicht einladen! (www.terrassenhof.de)
- Mitten in der Natur II: Hoch im Norden auf dem Leuchtturm auf der nordfriesischen Insel Pellworm. Hier ist man ganz auf Hochzeiten eingestellt und professionell organisiert (www.inselhochzeit-pellworm.de), man kann die Leuchtturm-Trauung mit allem Drum und Dran buchen. Der Clou: Es gibt spezielle Pellwormer Trauringe (www.pellwormer-trauringe.de)!
- Märchenhaft: Viele deutsche Schlösser sind inzwischen spezialisiert auf die Ausrichtung von Hochzeiten à la Dornröschen. (Übersicht unter www.burgen-und-schloesser.net) Schloss Tremsbüttel in Norddeutschland zum Beispiel lässt romantische Mädchenherzen höher schlagen: Vor 200 Jahren waren hier Dichter und Philosophen zu Gast, später dann die Beatles und die Rolling Stones (www.tremsbuettel.de).

Die Pragmatische

Sie mögen es eher privat, vielleicht sogar ganz privat? Dann bleiben Sie bei der Trauung ruhig *entre vous*. Abgesehen von einer idyllischen Hochzeitskirche in diesem romantischen Bergdorf, das nur Sie kennen, gäbe es da noch folgende Möglichkeiten:

- Über dem Meer: Leuchttürme eignen sich nicht nur für besonders romantische Pärchen, die ihre Gäste beeindrucken wollen, sondern auch für die Einsamkeit suchenden Pragmatiker. Die wählen dann nicht den Leuchtturm mit Postkarten-Flair, sondern eher was Schlichtes weitab vom Touristentrubel. (Eine Leuchtturm-Übersicht auch fürs Ausland gibt es z. B. unter www.luechthuus.de)
- Am Strand: Das geht natürlich an vielen Traumstränden dieser Welt, aber für Freunde des Understatements wäre vielleicht die Warft auf Hallig Süderoog der richtige Ort. Um dorthin zu gelangen, muss das Brautpaar von Pellworm aus durchs Watt wandern! (Info über das Standesamt Pellworm)
- In Las Vegas: Warum eigentlich nicht? Hier geht alles schnell und unbürokratisch, es ist ein bisschen skurril (siehe auch S. 49: Heiraten im Ausland) und erkannt wird man dort bestimmt nicht.

Die einsame Trauung war ganz nach Ihrem Geschmack, aber eine kleine Feier soll es dann schon noch sein – weil die Eltern und Schwiegereltern Sie sonst enterben würden und weil Sie Ihre Freunde nicht enttäuschen möchten? Wenn Ihnen bei der Vorstellung nicht sehr wohl ist: Keine Sorge, so ein Fest kann auch für Feiermuffel sehr schön werden.

- Die ganz normale Location um die Ecke: Beim Italiener, wo Sie am liebsten Ihre Pizza essen. In der Kneipe, wo Sie sich zum ersten Mal verabredet haben. Im Restaurant, wo Sie mit dem Mann zu besonderen Anlässen hingehen. Für eine Feier im kleinen Kreis können Sie dort sowieso und unproblematisch einen Tisch bestellen. Und wenn doch ein paar Leute mehr kommen sollen: Fragen Sie doch mal nach, ob man den Laden für einen Abend mieten kann!
- Bei Ihnen zu Hause: Wenn Sie alles Offizielle scheuen, wenn Sie nicht im Einzimmerappartement wohnen und wenn Sie eine Geschirrspülmaschine besitzen, könnte eine Feier in den eigenen vier Wänden genau das Richtige sein. Bestellen Sie ein schönes Buffet bei einem Catering-Service, räumen Sie die Bude auf – und überlassen Sie den Rest der Improvisation.

Abb. Die Qual der Wahl

02 WANN, WER, WO?

Location auswählen

Egal ob Prinzessinnenschloss, Planetarium oder Palmenstrand: Das Internet bietet die besten Möglichkeiten, sich zu informieren. Zwischen Tür und Angel finden Sie da allerdings nichts. Planen Sie auf jeden Fall mehrere Stunden zur Recherche ein – eher mehrere Tage, an denen Sie abends durchs Netz surfen.

Schreiben Sie die infrage kommenden Locations an und erkundigen Sie sich, ob dort an Ihrem Wunschtermin etwas frei ist, ob genug Platz für all Ihre Gäste ist, welche Menüvorschläge etc. dort angeboten werden, und lassen Sie sich eine Broschüre schicken.

Planen Sie einen weiteren Abend ein, um mit Ihrem Liebsten die Antwortschreiben mit der entsprechenden Broschüre durchzugehen (das ist meist netter, als zu zweit vor dem Bildschirm zu sitzen und sich stundenlang durchs Internet zu googlen …). Machen Sie eine »Hitliste« der besten Locations und statten Sie den oberen zwei oder drei Plätzen einen Besuch ab.

Achten Sie dann vor allem auf die Größe der Räumlichkeiten, in denen Sie feiern werden. Für die Stimmung ist es immer besser, wenn es ein bisschen eng wird, als wenn der Saal riesig groß ist und Ihre Gäste darin verloren wirken!

Und wenn Sie im Sommer heiraten, sollte die Location natürlich Terrasse oder Garten haben; aber vergessen Sie nicht, sich nach einer überzeugenden Indoor-Variante zu erkundigen. Wenn Sie sich entschieden haben: Lassen Sie sich vom Hotel o. Ä. alles (Preis für Essen und Raummiete, Datum etc.) schriftlich bestätigen, damit Sie später keine böse Überraschung erleben!

Profitipp

Wenn Sie nicht wissen, wo Sie anfangen sollen zu suchen: Kontaktieren Sie zunächst mal die Tourismuszentrale in Ihrem Wunsch-Bundesland oder einer bestimmten Stadt. Die meisten bieten spezielle Informationen für Brautpaare und preisen ihre Vorschläge für den besten Auftritt gerne an.

Heiraten im Ausland

»Say Be-bop-a-lula she´s your baby«

Grundsätzlich können Sie heiraten, wo Sie wollen: In Deutschland werden auch Ehen anerkannt, die im Ausland geschlossen wurden. Allerdings geht das nicht einfach so – von wegen Flug nach Vegas buchen, in einer von zig Love Chapels die Ringe tauschen und fertig.

Auf jeden Fall gehören diverse Papiere ins Gepäck – angefangen vom Reisepass über die Geburtsurkunde bis hin zu Visa und einem Auszug aus dem Einwohnermeldeamt, eventuell muss sogar alles in beglaubigter Übersetzung vorliegen – die Bestimmungen sind von Land zu Land unterschiedlich. Damit die Ehe auch in Deutschland anerkannt wird, ist es vor allem wichtig, dass bei der Trauung die im jeweiligen Land geltenden gesetzlichen Formvorschriften eingehalten worden sind.

Wenn Sie im Ausland heiraten wollen, informieren Sie sich unbedingt rechtzeitig! Entsprechende Broschüren können Sie beim Bundesverwaltungsamt kostenlos anfordern (InfostelleAuswandern@bva.bund.de). Informationen zu den Vorschriften der einzelnen Länder auch unter www.abenteuer-hochzeit.de

Viel Arbeit wird Ihnen abgenommen, wenn Sie ein komplettes »Arrangement« buchen. Oft erledigen die Reiseanbieter die Formalitäten, stellen Dolmetscher sowie Trauzeugen und bieten diverse Extras – wie etwa Maniküre oder Blumen für die Braut (Angebote z. B. unter www.heiraten-urlaub.de).

WANN, WER, WO?

EINLADUNGEN

Wenn die endgültige Gästeliste steht, Sie einen Termin und eine Location ausgewählt haben, können Sie sich nun den Einladungen widmen. Grundsätzlich sollte man sie etwa drei Monate vorher verschicken, aber auch hier ist etwas Vorlauf einzuplanen.
Die meisten Brautpaare werden ihre Einladungen drucken lassen. Die Druckereien bieten viele, viele Gestaltungsvorschläge – mit Sicherheit ist auch etwas nach Ihrem Geschmack dabei. Auch im Internet können Sie nach Entwürfen für Ihre Einladungen recherchieren.
Wenn Sie einen eigenen Text entwerfen, sollten Sie darauf achten, dass folgende Elemente vorkommen:

- Vornamen des Brautpaares
- Tag, Uhrzeit, Ort
- Hinweis, bis wann die Gäste zu- bzw. absagen sollen
- Hinweis auf Geschenkwünsche (siehe S. 30)

Wenn Sie ungeheuer kreativ sind und richtig viel Zeit zur Verfügung haben, können Sie Ihre Einladungen natürlich auch selbst entwerfen und basteln. Der Klassiker – ganz einfach: Zwei möglichst schräge Kinderfotos der Brautleute werden vorne auf die Karte geklebt – und innen eventuell durch ein gemeinsames aktuelles Foto ergänzt. Wenn Sie dafür eine Karte in einem ungewöhnlichen Format nehmen (z. B. quadratisch), wird es auch ohne großen Aufwand ein Hingucker.
Der anspruchsvolle Typ lässt sich am besten im Papierladen beraten: Mit edlem Pergamentpapier und einer besonderen Kordel zum Beispiel wird eine schlichte Karte zur extravaganten Einladung. Verschließen Sie den Umschlag mit echtem Siegellack und einem persönlichen Siegel – dann macht die Einladung schon von außen was her!

Abb. Papierkram A–Z

01a Einladung außen: hübsch
01b Extra Einleger (optional)
01c Einladung innen: informativ
01d Zusatzangaben wie Motto, Extrawunsch-Essen und Anzahl mitgebrachter Kinder (optional)

01b

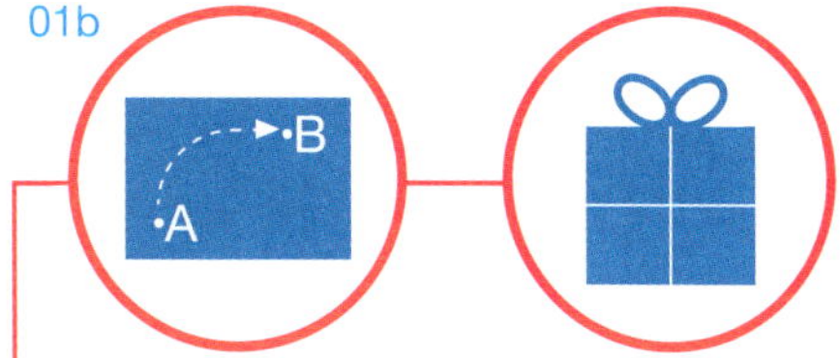

Wegbeschreibung

Wunschliste

01a

Zusätzliches Porto kann durch leichtes Papier (z. B. für die Anfahrtsskizze) gespart werden.

01d

Motto

Vegetarier? Kinder?

01c

Zu unserer Hochzeit am 23. Juni 2008 möchten wir,

Julia & Petra, euch herzlich einladen.

Die kirchliche Trauung findet um 14 Uhr im St. Peters Dom statt // Anschließend feiern wir im Restaurant »Die Turteltauben« // Bitte gebt uns bis zum 10. März Bescheid, ob ihr kommt. Tel. 040/41 91 07 17.

Lassen Sie die Einladungskarte noch mal von jemandem Korrektur lesen. Irgendetwas findet man immer.

Der romantische Typ geht am besten in einen Dekomarkt. Hier gibt es die verschiedensten Liebessymbole, die Sie als kleine Accessoires in die Einladung einarbeiten können: Glitzer- oder Filzherzen, (Wunder-)Kerzen in Herzform, kleine Tauben mit echten Federn, goldene Ringe, elegantes Schmuckband etc. All diese Dinge (wenn sie einigermaßen flach sind) können Sie auf eine Klappkarte in Zartrosa oder Cremeweiß kleben oder Sie stecken es mit in den Umschlag.
Der pragmatische Typ hält es entweder ganz schlicht oder gestaltet die Einladung individuell-schräg. Vielleicht mit extrakitschigen Plastikringen, Liebesperlen oder kleinen Herzlollies.
Die Möglichkeiten sind unendlich (Tipps finden Sie auch im Internet, z. B. unter www.braut.de, www.brigitte.de, www.weddix.de), selbst gebastelte Einladungen machen aber meist wirklich viel Arbeit und sind nicht wirklich billig. Denn Karten und Umschläge müssen so oder so gekauft werden, dazu noch Deko-Material und bei besonders aufwendig gestalteten Karten wird eventuell sogar noch Extraporto fällig!

Vergessen Sie nicht, Ihrer Einladung eine Wegbeschreibung und / oder Anfahrtsskizze beizulegen, außerdem einen Hinweis auf die Kleidung, falls Ihre Feier besonders festlich, extraleger oder gar einem Motto angepasst werden soll.
Wenn Sie Gäste haben, die im Hotel übernachten müssen, wird übrigens nicht von Ihnen erwartet, dass Sie das Zimmer bezahlen. Am besten suchen Sie vorab drei nahe gelegene Hotels in unterschiedlichen Preiskategorien aus und erbitten ausreichend Broschüren. Diese legen Sie den Einladungen bei, sodass jeder Gast ein Zimmer nach seiner Preisvorstellung reservieren kann.
Wenn allerdings Ihre Feier in einer sehr abgelegenen Location stattfindet, wo alle Gäste auch übernachten sollen, wird man erwarten, dass Sie dieses Gesamtpaket auch bezah-

Abb. Extra-Druckobjekte

Tischkarten

Menükarten

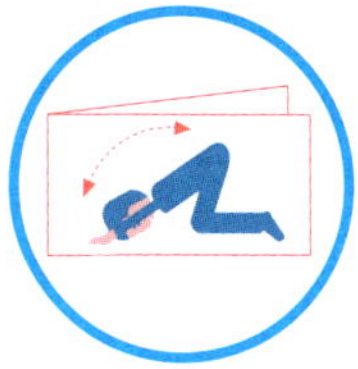

Dankeskarten

len. Alternativ könnten Sie Ihrer Einladung einen Hinweis beilegen, dass Sie entweder Geldgeschenke wünschen, um die Feier zu finanzieren (siehe S. 30) oder aber auf Geschenke verzichten und die Gäste stattdessen bitten, Ihre Übernachtung selbst zu bezahlen.

Wenn Sie die Karten drucken lassen, ist es sinnvoll, die Danksagungskarten gleich mit zu bestellen. Denn natürlich müssen Sie hinterher artig »Danke« sagen – für Geschenke, Briefe und persönliche Wünsche. Die Danksagungen werden meist im gleichen Stil gehalten wie die Einladungen. Wenn Sie später ein Hochzeitsfoto mitschicken wollen, lassen Sie am besten die Vorderseite der Karten frei, um dort das Bild aufzukleben. Den Text für die Karten müssen Sie sich nicht selbst ausdenken, denn auch dafür gibt es endlos viele Vorlagen. Besonders liebe Freunde und großzügige Schenker bekommen später noch einen handschriftlichen Extratext. Außerdem können Sie auch gleich Tisch- und / oder Menükarten drucken lassen (je mehr Sie auf einmal drucken lassen, desto billiger wird es) – manchmal bietet diesen Service allerdings auch das Restaurant an, in dem die Feier stattfindet.

Berühmte Liebespaare

Ein Trost für alle Bräute, die unter Nervereien mit seiner Ex-Frau leiden: Immerhin hat *er sich scheiden lassen und* wird *Sie heiraten! Was nicht selbstverständlich ist, auch wenn es sich um die große Liebe handelt …*

Spencer Tracy & Katherine Hepburn
Eine der anrührendsten Liebesgeschichten Hollywoods ist die zwischen Spencer Tracy und Katherine Hepburn. Die beiden lernen sich bei Dreharbeiten zu dem gemeinsamen Film *Die Frau, von der man spricht* kennen. Sie ist knapp zehn Jahre jünger und findet ihn sofort unwiderstehlich. Allerdings ist Tracy offiziell verheiratet und Vater mehrerer Kinder. Obwohl er von seiner Frau getrennt lebt, kommt für den Katholiken eine Scheidung nie infrage. Hepburn und Tracy haben eine Affäre – über fast drei Jahrzehnte. Sie wohnen nicht zusammen und treffen sich nie in der Öffentlichkeit. Als Tracy – ein Alkoholiker – kränkelt, kümmert sich Katherine Hepburn um ihn. Sie lehnt Filmangebote ab, um für ihn da zu sein. 1967 bricht Spencer Tracy in ihrer Küche zusammen – Herzstillstand. Angeblich haben die beiden nie über ihre Gefühle füreinander gesprochen. In ihren Memoiren schreibt Katherine Hepburn: »Wir verbrachten einfach siebenundzwanzig Jahre miteinander. Für mich war es das vollkommene Glück. Man nennt es Liebe.«

Heiraten: eine wunderbare Sache, solange es nicht zur Gewohnheit wird.

William Somerset Maugham

Wenn das Drehbuch steht …

… können Sie nach einem Kostüm Ausschau halten: Kaufentscheidungen müssen noch nicht getroffen werden, aber Sie dürfen schon mal ein erstes Schnupper-Shopping in Sachen Brautkleid unternehmen!
… dürfen Sie an Ihrer Traumfigur arbeiten: Einmal mehr ins Fitnessstudio und ein paar Schokoladeneisbecher weniger – ein bisschen Einsatz muss schon sein (denken Sie an Bridget Jones)!
… sollten Sie nicht mehr zum Friseur gehen: Klischee hin oder her – viele Bräute wollen Hochsteckfrisuren (evtl. mit neckisch drapierten Löckchen), und dafür brauchen die Haare eine gewisse Mindestlänge. Also wachsen lassen, und zwar ab jetzt!

Ein Buch – ein Film

Wenn Sie sich immer noch nicht entscheiden können, ob Ihre Hochzeit lieber gigantisch-pompös oder ländlich-familiär ausfallen soll, dann lesen Sie *Hochzeit zu verschenken* von Sophie Kinsella. Heldin Becky Bloomwood schlägt sich nämlich genau mit dieser Frage herum – und mit ihrer schrecklichen Schwiegermutter, die alle Planung für Version 1 (im New Yorker Plaza Hotel) an sich reißt, während Beckys Mutter alles tut, um Version 2 (im englischen Kaff Oxshott) zu verwirklichen.

Wenn Sie sich gerade völlig überfordert fühlen von den Vorbereitungen, dann gönnen Sie sich einen DVD-Abend mit *My Big Fat Greek Wedding* – und Sie werden froh sein, dass Sie nicht in der Haut der Griechin Toula stecken, die ihren Freund Ian heiraten will, der in den Augen ihrer Eltern zwei ganz große Fehler hat: Er ist Amerikaner und Vegetarier. Großartiger Multikulti-Spaß!

Das Outfit der Braut

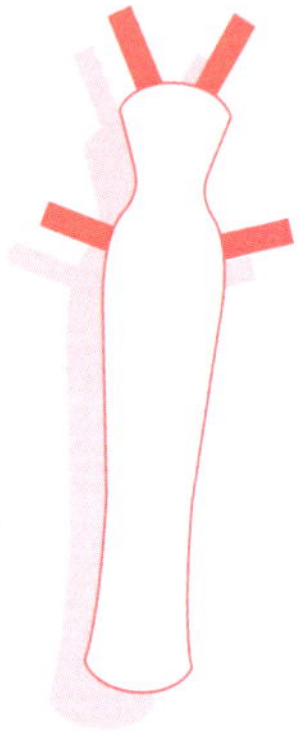

Was das Brautkleid angeht, so haben Sie drei Möglichkeiten: Neu kaufen, gebraucht kaufen, ausleihen. Die vierte Möglichkeit wäre selbst nähen, aber wer ist (heutzutage) schon in der Lage, eigenhändig ein Brautkleid zu nähen? Mal abgesehen davon, dass das Unglück bringen kann!

Bevor Sie die Brautmodengeschäfte stürmen, sollten Sie sich in etwa darüber im Klaren sein, welchen Schnitt das Kleid haben sollte. Wagen Sie dazu einen kritischen Blick in den Spiegel. Sind Sie ...

... eher klein? Dann bietet sich ein ärmelloses Kleid an – schulterfrei oder mit dünnen Trägern. Der Rock sollte nicht zu weit fallen, das macht noch kleiner.

... eher groß? Sie können ein kurz- oder sogar langärmliges Kleid tragen! Der Rock darf *Sissi*-mäßig ausladend sein, und wenn Sie es ganz de luxe lieben, gönnen Sie sich auch noch eine Schleppe.

... eher schlank? Da gehen schmal geschnittene, figurbetonte Kleider sehr gut. Schöne Kontraste zu engen, schlichten Kleidern bilden Schleier, Stickereien oder ausgefallene Accessoires.

... eher vollschlank? Vielleicht wäre ein Kleid im Empire-Stil eine Alternative für Sie: Unter der Brust gerafft und dann weich fallend, kaschiert es so manche Problemzone!

... schmalbusig? Auf keinen Fall ein Korsagen-Oberteil! Gehen Sie lieber ein bisschen hochgeschlossener und punkten mit den Accessoires.

... vollbusig? Dann zeigen Sie Dekolleté, aber wählen Sie ein Oberteil, das im Brustbereich nicht aufträgt. Wenn es gut sitzt, können Sie ein sexy Korsagenkleid in Betracht ziehen.

Schuhe: Die anspruchsvolle Braut lässt sich Schuhe mit dem Stoff des Kleides beziehen. Auch die Schuhe sollten natürlich weiß sein, klassischerweise in Pumpsform; im Sommer sind auch Riemchensandalen sehr hübsch. Unbedingt vorher einlaufen, sonst gibt's Blasen!
Handschuhe: Wenn Sie exakt zum Style des Kleides passen, ein supercooles Accessoire!
Schleier: Ein Muss für die romantische Braut! Galt früher als Symbol der Jungfräulichkeit und war der einzige weiße Bestandteil des bräutlichen Outfits. Schleier gibt es in zig Variationen, von ganz schlicht bis aufwendig mit Perlen bestickt, lang oder kurz.
Handtasche: Am schicksten macht sich eine Clutch im gleichen Stoff wie das Kleid – da passen dann auch genügend Taschentücher und der Lippenstift nach vielen Küsschen rechts, Küsschen links rein.

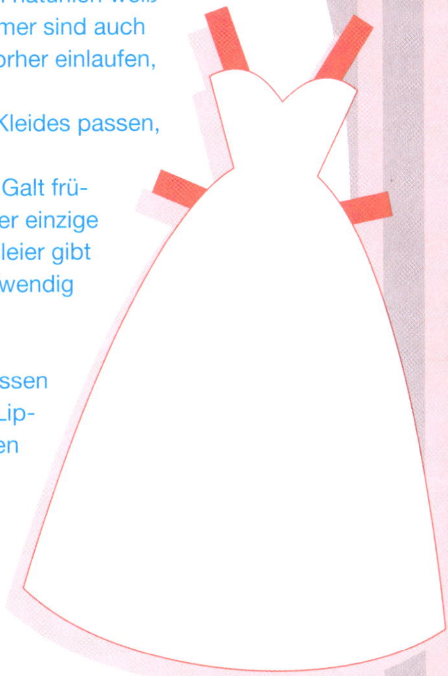

Das gewisse Etwas

Verwöhnen Sie sich und Ihren dann frisch Angetrauten mit sexy Dessous. Wenn Sie sonst eher zur Baumwollfraktion gehören, wäre die Hochzeit doch endlich mal eine Gelegenheit, ein echtes »Wäschegeschäft« aufzusuchen und was ganz Unvernünftiges (und Teures) zu kaufen. Besonders anspruchsvolle Bräute lassen es sich nicht nehmen, zur Feier des Tages sogar Strümpfe (halterlos oder gar mit Strapsen – hui, hui!) drunterzuziehen. Der Tragekomfort hält sich allerdings sehr in Grenzen, also lieber ein Paar Nylons in Reserve halten.

03 DIE VORFEIERN

LOVESTORY Teil 3

SZENE V

Samstag Nachmittag, Jeanettes Brautmodengeschäft

JULIA: (*leise fluchend in der Umkleidekabine*) Mist, wie soll das denn hier zugehen? Bin ich Twiggy, oder was?

FELI: Was hast du da jetzt an?

JULIA: (*kommt aus der Kabine*) Tatata, Modell Cynthia!

FELI: Wow! Steht Dir gut. Wahnsinn. Ist das Seide? (*hält plötzlich inne*) Ähem, ist DAS hier der Preis?

JULIA: (*reißt Feli das Preisschild aus der Hand und erstarrt*) 3.500 Euro. Das muss ein Irrtum sein.

ANGESTELLTE: (*stürzt auf Julia zu*) Ah, hervorragende Wahl. Ein Designer-Einzelstück, wie für Sie gemacht!

JULIA: Leider nicht für mein Konto. (*zu Feli*) *Wie* spät ist es? Zwanzig nach vier? Oh nein. Um halb fünf bin ich mit Peters Mutter verabredet. (*verdreht die Augen*) Worst Case Date. Sie will über die Hochzeit sprechen.

SZENE VI

30 Minuten später, Café Dante

JULIA: *(stürmt mit hochrotem Kopf an den Tisch)*
Tut mir leid, ich war noch mit Feli Brautkleider anprobieren.

PETERS MUTTER: (*leicht schockiert*) Mit Feli? Ist das nicht diese Hippie-Freundin von dir? Aber wegen der Feier (*lebhaftes Gestikulieren*): Ich habe mal in unserem Tennisclub nachgefragt. Das Clubhaus ist frei an eurem Hochzeitstag!

JULIA: (*schnappt entsetzt nach Luft*) Das Clubhaus …

PETERS MUTTER: (*unterbricht sie*) Da fällt mir ein: Dein Onkel Herbert hatte noch keine Einladung! Ich habe ihm aber schon Bescheid gesagt.

JULIA: Äh, ich wollte Onkel Herbert eigentlich nicht …

PETERS MUTTER: Auch Tante Irene und der Tanja, weißt du, die reizende frühere Freundin von Peter, die jetzt Managerin ist bei dieser großen Firma, irgendwas mit Kaffee.

JULIA: (*verdreht die Augen*) Sie leitet einen Coffee-Shop.

PETERS MUTTER: Sage ich doch. Übrigens, dein Make-up kann Helga übernehmen, ich habe gestern mit ihr gesprochen. (*besorgter Blick auf Julia*) Was ist denn, Liebes, du sitzt ja ganz verkrampft. Keine Sorge, wir machen das schon mit der Hochzeit!

03 **DIE VORFEIERN**

VORFREUDE IST DIE SCHÖNSTE FREUDE …

Eine Hochzeit ist eine große Sache – manchmal reicht ein einziges Fest nicht aus, um ihr gerecht zu werden. So gibt es verschiedene Bräuche, das Eheversprechen schon vorab zu feiern. Die erste Vorfeier ist natürlich die Verlobung (siehe S. 25), aber so richtig ausgelassen wird es erst in den Tagen kurz vor der eigentlichen Hochzeit. Es geht darum, wirklich alle Freunde teilhaben zu lassen, oder um den Abschied vom Junggesellendasein oder einfach um noch mehr Geschenke. Manche Vorfeiern sind typisch deutsch, andere haben ihren Ursprung in anderen Ländern und haben sich auch hier (teilweise) durchgesetzt.
Ganz nach dem Motto »Man heiratet nur einmal« seien hier alle Möglichkeiten der Vorab-Partys aufgezählt – mit welchen Sie es bei Ihrer Hochzeit zu tun bekommen, entscheiden nicht nur Ihr Typ und Ihr Konto, sondern auch Ihr Freundeskreis. Denn auf einige Feste haben Sie selbst gar keinen Einfluss …

POLTERABEND

Der Plot:

Viele fröhliche Menschen kommen und werfen Ihnen – hoffentlich vor der Tür – unter lautem Gelächter und Gekreische ihre gesammelten Scheußlichkeiten vor die Füße: das alte Teegeschirr von Großtante Hilde, die vermoosten Blumentöpfe aus dem hintersten Kellerregal, das Waschbecken von vor der Renovierung, den nie benutzten Rumtopf. Danach gehen alle rein zum Essen, Trinken, Tratschen und Tanzen.

Warum?

Der Polterabend ist ein deutscher Brauch, dessen Ursprung nicht ganz geklärt ist. Möglicherweise sollen die Scherben und das Gepolter böse Geister verjagen oder ein altes Götteropfer darstellen oder aber den eifersüchtigen Verehrern helfen, noch mal ihre Wut rauszulassen – darüber, dass sie die Braut nicht bekommen haben.

Im 16. Jahrhundert – so lange gibt es den Brauch des Polterns schon – wurde hauptsächlich Lärm gemacht. Erst Ende des 19. Jahrhunderts begann man damit, Geschirr zu zerdeppern, und diese Tradition hat sich bis heute gehalten. Glas darf übrigens nicht zertrümmert werden (Glas = Glück, darf nicht zerbrechen!) und auf keinen Fall sollte jemand seinen alten Spiegel auf einem Polterabend entsorgen, dann hat das Brautpaar womöglich sieben Jahre Pech am Hals.

Wenn alle Gäste fertig sind mit dem kontrollierten Kaputtschmeißen von zerbrechlichem Ramsch, muss das Brautpaar gemeinsam die Scherben zusammenfegen. Die Symbolik ist recht simpel: Auch in der Ehe soll man die Probleme schließlich gemeinsam angehen!

Wann und wo?

Früher gehörte der Polterabend unbedingt zur Hochzeit dazu. Traditionell fand er am Abend vor der Hochzeit im Haus der Brauteltern statt, und man lud nicht extra dazu ein – es durfte jeder kommen, der wollte.

Heutzutage ist es auch erlaubt, den Polterabend zwei Tage (oder auch zwei Wochen) vor der Hochzeit stattfinden zu lassen, was den Vorteil hat, dass die Brautleute auch diesen Teil der Feierlichkeiten voll auskosten können, weil sie dann noch etwas Zeit zur Rekonvaleszenz haben.

Wenn man nicht in einer traditionstreuen ländlichen Gegend wohnt, muss man auch nicht befürchten, dass ohne Ende (unbekannte) Menschen ihr altes Geschirr vor die eigene Haustür schmeißen – inzwischen darf auch zum Polterabend durchaus eingeladen werden. Allerdings geht es dabei eher formlos zu, also per E-Mail oder telefonisch. Sie dürfen Ihren Polterabend sogar bei sich zu Hause feiern oder auch ganz und gar außer Haus – hier gibt es mal keine Regeln, denn es geht in erster Linie um eine richtig gute Party! Sinn macht ein Polterabend vor allem, wenn Sie viele liebe Arbeitskollegen, nette Nachbarn und Bekannte haben (z. B. aus dem Tennisclub, der Yogagruppe, der Skatrunde), die sie unmöglich alle zur Hochzeit einladen können. Oder wenn Sie die Hochzeit sowieso nur im ganz kleinen Kreis feiern wollen. Und für die Anspruchsvolle, die das ganz große Partypaket will, eine Hochzeit mit allem Drum und Dran – da gehört der Polterabend natürlich dazu!

Wie?

Auch das ist Ihnen überlassen. Im Partykeller mit Käseigel und Buletten, im Vereinshaus mit kalten Platten vom Fleischer Ihres Vertrauen, im Szeneclub mit Antipasti vom Catering-Service. Spielen Sie selbst gebrannte Mix-CDs ab, mieten Sie eine Band oder einen angesagten DJ. Allerdings gilt hier das Gleiche wie bei der Verlobungsfeier: Lassen Sie noch Spielraum nach oben. Die wichtigste Feier findet schließlich am Hochzeitstag statt – es sei denn, Sie planen ohnehin eine Polterhochzeit. Sie vereint Polterabend und Hochzeitsfeier. Praktisch, weil man nicht auf die Glück bringenden Scherben verzichten muss, ohne dafür noch eine Extraparty auszurichten. Auf Polterhochzeiten geht es meist insgesamt ungezwungener zu als auf traditionellen Hochzeitsfeiern, das könnte also auch eine Variante für den pragmatischen Typ sein.

Abb. Wurftechniken Polterabend

01a Unterarm-Technik
01b Einwurf-Technik
01c Diskus-Technik

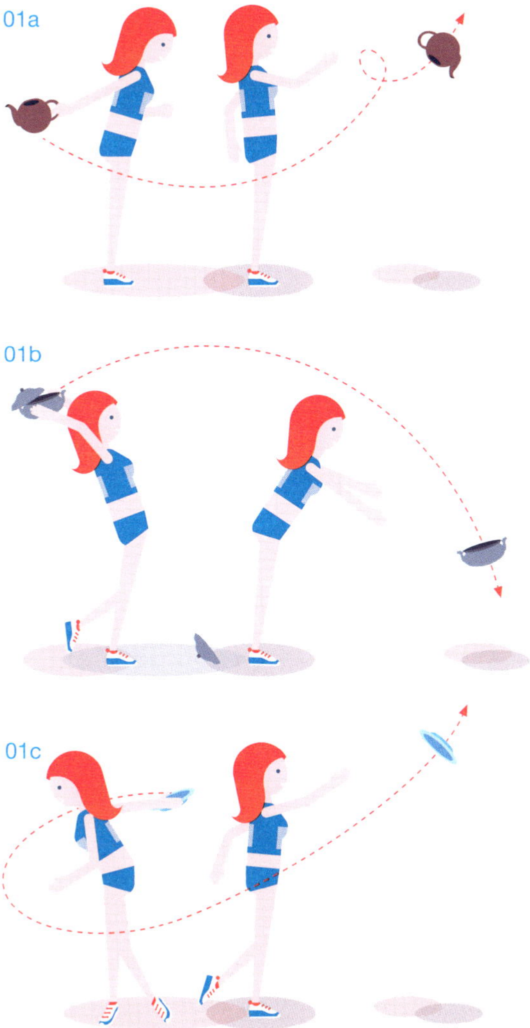

Die Unterarm-Technik ist für ungeübte WerferInnen geeignet. Mit der Einwurf-Technik können auch Grobmotoriker punkten (unbedingt Wurfgegenstand mit beiden Händen werfen). Die Profi-Polterin zeichnet sich durch die elegante Diskus-Technik aus.

03 DIE VORFEIERN

JUNGGESELLENABSCHIED

Der Plot:

Ein seltsam gekleideter Mann (T-Shirt mit Telefonnummern, am Bein ist ein symbolischer Klotz festgebunden) bietet mit undeutlicher Stimme Artikel aus einem Bauchladen an. Um ihn herum steht eine Gruppe von grölenden anderen Männern. Alle haben viel Spaß und viel getrunken.

Warum?

Der Brauch des Junggesellenabschieds stammt ursprünglich aus dem antiken Griechenland: Schon die alten Spartaner wurden auf diese Weise von ihren Freunden in die Ehe verabschiedet. In der neueren Zeit wurde dieser Brauch vor allem von Engländern und Amerikanern geprägt. Inzwischen gehört es fast überall dazu, einen Abend lang noch mal das ungebundene Junggesellendasein zu genießen – wenn auch nicht ganz so exzessiv wie in England, wo die »Stag« (= Hirsch)-Party gerne auch mal mehrere Tage dauert. Oft sind dort nicht nur die besten Freunde des Bräutigams beteiligt, sondern auch die männlichen Verwandten beider Familien (inklusive Vater und Schwiegervater in spe).

AHA

GUT ZU WISSEN

Beim Junggesellen- und Junggesellinnenabschied werden Bräutigam und Braut zu willenlosen Opfern ihrer lieben Freunde bzw. Freundinnen. Die organisieren alles – und bezahlen auch alles. Die Protagonisten steuern dann den Erlös aus diversen Verkaufsspielchen bei.

Wann und wo?

Organisiert wird der Junggesellenabschied meistens vom Trauzeugen. Er trommelt die besten Freunde des Bräutigams zusammen und plant mit ihnen den Abend. Manchmal wird der zukünftige Ehemann in die Planungen mit einbezogen, meistens allerdings wird er von seinen Freunden überrascht.

Auf keinen Fall sollte der Junggesellenabschied am Abend vor der Hochzeit stattfinden. Die Braut könnte von ihrem Eheversprechen zurücktreten, wenn sich der Mann in einem desolaten verkaterten Zustand vor den Altar schleppt. Eventuell sollte der Noch-Junggeselle sogar bei seinem Trauzeugen übernachten (natürlich im Einverständnis mit der Braut!!!), um einen vorehelichen Krach zu vermeiden. Denn auch tolerante Frauen neigen zu unkontrollierten Ausfällen, wenn ihr Liebster morgens um fünf mit Alkoholfahne ins Bett torkelt und irgendwas von sensationellem Striptease faselt.

Wie?

Das ist eine Frage von Vorlieben – allerdings meistens der der besten Freunde. Ja, man könnte auch ins Kino gehen und einen Actionfilm gucken oder eine zünftige Wanderung in die Wildnis machen, um sich wie der ungebundene Marlboro-Man zu fühlen, aber jetzt mal ehrlich: Die meisten Junggesellenabschiede beginnen in einer Kneipe und enden im besten Fall in einer anderen Kneipe – allerdings durchaus auch mal im Rotlichtviertel. Zwischendurch werden neckische Spielchen durchgeführt, wie zum Beispiel: Fremde Frauen dürfen ihre Telefonnummer auf dem T-Shirt des Bräutigams hinterlassen und ihn mit viel Lippenstift knutschen, er wird mit Handschellen auf der Damentoilette festgekettet, bis eine Frau ihn freikauft, er muss aus einem Bauchladen Kondome und kleine Schnäpse verkaufen.

Andere Länder, andere Sitten …

In Brasilien gibt es zum Junggesellinnenabschied Geschenkpäckchen für die Braut. Sie muss raten, was drin ist (Haushaltsgegenstände, aber welche?). Wenn sie dreimal danebenliegt, muss sie etwas ausziehen und einen Schluck trinken. Am Ende ist die Braut halb nackt und volltrunken.

Abb. »Wir gehen nur ein paar Bier trinken, Schatz.«

01 Ein gelungener Abschied

02 Ein paar Bier zu viel

01

02

JUNGGESELLINNENABSCHIED

Der Plot:

Eine seltsam gekleidete Frau (T-Shirt mit der Aufschrift »Die Braut, die sich traut«, auf dem Rücken Engelsflügel, rosa Plüsch-Handschellen am Handgelenk) bietet mit zaghafter Stimme Artikel aus einem Bauchladen an. Um sie herum steht eine Gruppe von kreischenden anderen Frauen. Alle haben viel Spaß, aber zu wenig getrunken.

Warum?

Willkommen im Zeitalter der Emanzipation: Was er kann, kann sie schon lange. Ob sie allerdings tatsächlich auf diesem fragwürdigen Gebiet gleichziehen muss, sei dahingestellt. Jedenfalls hat es sich auch unter Frauen durchgesetzt, es an einem letzten Abend in Freiheit noch mal richtig krachen zu lassen. Schwierig ist hier nur die Bezeichnung. In Großbritannien, dem Ursprungsland dieses Brauchtums, heißt der spezielle Abend »Chicken« oder »Hen Night«. In Deutschland ist manchmal ebenfalls von Hennenrennen die Rede, gebräuchlicher ist allerdings das Unwort »Junggesellinnenabschied«, angelehnt an den amerikanischen Ausdruck »bachelorette party« (bachelor = Junggeselle).

Wann und wo?

Organisiert wird der Junggesellinnenabschied von den besten Freundinnen. Oft überraschen sie die Braut in origineller Verkleidung, zwingen sie, ebenfalls ein Kostüm anzulegen, und gehen dann mit ihr auf Kneipentour. Auch hier gilt: Nicht am Tag vor der Hochzeit und nicht dort, wo man dem Zukünftigen über den Weg laufen könnte.

Wie?

Beim Junggesellinnenabschied gibt es zwei Varianten: Die englische Variante ist in der Tat dem männlichen Pendant sehr angepasst und beinhaltet vor allem Alkohol, lustige

Es war einmal

Die traditionelle Hen Night in England war eigentlich ganz harmlos und sehr pastellfarben: Alle weiblichen Verwandten beider Familien und Freundinnen der Braut trafen sich an einem Nachmittag bei den Brauteltern zu Tee, Torte (mit rosa Lebensmittelfarbe eingefärbt!) und Sektchen. Die Braut bekam spezielle Geschenke (in rosa Papier eingewickelt), u. a. ein Kochbuch, Babysachen und ein Nachthemd. Dann wurden Frauengespräche geführt.

Spielchen mit Passanten oder auch mal einen gemieteten Stripper. Besonders beliebt ist es aus ungeklärten Gründen, die Braut als Holländerin zu verkleiden und sie einen Bollerwagen mit den Schnapsvorräten ziehen zu lassen. Oder man lässt die Braut Küsse verkaufen, ihr T-Shirt (in einzelnen Schnipseln) und mehr oder weniger Zweideutiges aus einem Bauchladen.
Die zahme Variante beinhaltet echten Mädelskram und ist eher für den romantischen Typ geeignet: Pyjamaparty mit Liebesfilm, Pralinen und Brautkleid-Präsentation, einen Wellness-Tag oder einen Theaterbesuch mit anschließendem gemütlichen Essen im Restaurant. Wenn Sie schon das Wort Junggesellinnenabschied schaudern lässt, weil

Abb. » … und wir gehen nur einen Wein trinken, Schatz.«

An diesem Abend sollen Sie sich von Ihrem Junggesellinnendasein verabschieden und nicht von Ihrer Unterwäsche. Überlassen Sie diesen Teil den Profis.

Sie dabei an kreischende Trunkenheit denken: Nutzen Sie den Anlass für einen Kurzurlaub mit Ihren Freundinnen. Ein Wochenende Barcelona oder London (dank Billigflügen und Bed&Breakfast ist das erschwinglich) – und die voreheliche Beststimmung ist garantiert!

BRIDAL SHOWER

Der Plot:

Viele Frauen bringen Geschenke. Die Braut darf auspacken. Keine Männer weit und breit.

Warum?

Der schöne Brauch des »Bridal Shower« kommt aus den USA. Der Ausdruck lässt sich nicht wörtlich übersetzen (und wird deshalb auch 1:1 übernommen). Es hat nicht direkt etwas mit der herkömmlichen Dusche zu tun, sondern bedeutet ganz einfach, dass die Braut (engl. *bride*) mit Geschenken überschüttet (engl. *to shower s.o. with s.th.*) wird. Der Bridal-Shower-Brauch setzt sich in Deutschland nur langsam durch. Dabei ist es eine schöne (und ganz und gar unpeinliche) Sitte, noch mal ganz entspannt seine Freundinnen um sich zu versammeln und dann auch noch Geschenke zu bekommen – traditionell übrigens ausschließlich Haushaltsgegenstände!

Wann und wo?

Irgendwann in den Wochen vor der Hochzeit bei der Braut zu Hause. Die Braut lädt ihre Freundinnen dazu ganz zwanglos ein.

Wie?

Wie ein netter Kaffeeklatsch unter Freundinnen. Backen Sie einen Kuchen, stellen Sie ein paar Flaschen Prosecco kühl – und lassen Sie sich mit Geschenken überschütten.

Für Männer

Junggesellenabschiede sind schon okay. Obwohl, na ja, es soll auch Männer geben, die sagen: »Das ist gar nicht mein Ding, Schatz. Lass uns doch lieber einen schönen Abend verbringen und den Abschied von unserer wilden Ehe feiern.« Also, auch wenn das noch nie ein Mann gesagt hat, es wäre mal eine absolut umwerfende Aussage und eure Zukünftige würde euch für diese beiden Sätze zu Füßen liegen.

FALLS ihr euch nicht dazu durchringen könnt oder FALLS ihr euch nicht gegen eure Freunde durchsetzen könnt, die unbedingt mal so richtig mit euch um die Häuser ziehen wollen: O-k-a-y. Aber bitte versucht, einen gewissen Überblick über die inhalierten Alkoholika zu behalten. Die Promillegrenze ist erreicht, wenn ihr a) erwägt, eine Unbekannte auf einen Kaffee mit nach Hause zu bitten, b) euch nicht mehr an den Namen eurer Zukünftigen erinnert und / oder c) von einer spärlich bekleideten Dame im Schimmer einer roten Lampe gefragt werdet, wie ihr es für die 100 Euro haben wollt.

Und was den Tag danach angeht: Schön, wenn ihr euren Spaß hattet. Aber Details wie die genaue Anzahl der Küsse, die ihr bekommen habt, oder optische Eindrücke von den Frauen, deren Telefonnummer auf eurem T-Shirt steht, solltet ihr im Sinne einer ungetrübten Hochzeit lieber für euch behalten.

Die letzten Wochen vor dem großen Tag sind übrigens gerade für Frauen etwas kritisch. Ihr wisst schon, Frauen, das sind diese rätselhaften Wesen, die Stunden brauchen, um sich für ein Paar Stiefel zu entscheiden, und dann fällt ihnen an der Kasse ein, dass sie doch eher Sandalen brauchen. Kurz vor der Hochzeit wachen sie des Öfteren nachts auf und können nicht wieder einschlafen, weil sie grübeln, ob der Typ neben ihnen wirklich der Mann ist, mit dem sie von jetzt an für immer im Bett liegen wollen (ja, das fragen sie sich wirklich – auch und gerade wenn sie selbst diese Hochzeitssache vorangetrieben haben!). In dieser kritischen Phase solltet ihr auf jeden Fall für gute Stimmung sorgen!

Berühmte Liebespaare

Wilde Ehe, Wiederheirat, Patchworkfamilie – unsere Zeit scheint fortschrittlich. Doch im Gegensatz zum Leben der Boheme in den 20er Jahren ist die heutige Vorstellung von Liebe eher spießig. Damals ging es um Leidenschaft.

Salvator Dalí und Gala

Die Russin Elena, die sich selbst »Gala« nennt, ist mit dem französischen Dichter Paul Eluard verheiratet. Zusammen mit dem deutschen Maler Max Ernst führen sie eine *ménage à trois*, die aber nicht sehr lange hält. 1929 trifft sie den spanischen Maler Dalí. Der zehn Jahre jüngere Exzentriker verliebt sich sofort unsterblich in Gala. Sie lässt sich von Eluard scheiden, zieht zu Dalí nach Paris und heiratet ihn 1934. Gala wird die berühmteste Muse des 20. Jahrhunderts. Sie tut alles für ihren Mann, überredet ihn zu seinem extravaganten Erscheinungsbild und schottet ihr gemeinsames Leben gegen äußere Einflüsse ab. Er kann nicht mehr malen ohne sie; sein Werk ist eine einzige Liebeserklärung: Er malt seine Muse wieder und wieder. Auch wenn beide immer wieder mal andere Geliebte haben (Boheme!), bleiben sie doch ein Leben lang verbunden.

Der ideale Ehemann – ein Mann, der jedes Wort versteht, das seine Frau nicht gesagt hat.

Alfred Hitchcock

Wenn der Termin näher rückt, wird es Zeit für …

… Shopping! Schnappen Sie sich Ihre beste Freundin und gehen Sie auf Brautkleidtour. Egal, wie viel Geld Sie ausgeben wollen: Probieren Sie erst mal ALLES an. Wer wird sich denn den Spaß von Preisschildern verderben lassen?!
… einen kritischen Blick in den Spiegel. Sie sind rundum zufrieden? Perfekt. Sie finden sich zu dick, zu dünn, zu blass, zu unsportlich? Noch ist Zeit für gesunde Ernährung, frische Luft, Fitnessstudio!
… einen Tanzkurs. Falls Sie nicht beide ein Gold-Star-Abzeichen am Revers tragen oder leidenschaftliche Formationstänzer sind, sollten Sie zumindest Ihre Walzer-Kenntnisse etwas auffrischen, damit Sie einen unfallfreien Hochzeitstanz auf die Bühne bringen. Falls Sie die Konkurrenz scheuen: Es gibt auch Tanzlehrer, die für einige Stunden nach Hause kommen!

Ein Buch – ein Film

Ist er wirklich der Richtige? Diese Frage stellt sich vermutlich jede Frau in den Wochen vor der Hochzeit. Entspannen Sie sich und lesen Sie *Heiraten macht mich nervös* von Fiona Walker. Stressiger als bei Tash und Niall kann es bei Ihnen gar nicht zugehen: Sie wollten sich gar nicht verloben, aber dann kam da dieses Gerücht auf – und sie müssen irgendwie mitmachen, obwohl sie sich gar nicht sooo sicher sind …

Und wenn Sie noch eine DVD für den Junggesellinnenabschied suchen: *Die Hochzeit meines besten Freundes* ist der perfekte Mädchenfilm. Julianne (Julia Roberts) will ihren besten Freund Michael davon abhalten, die reiche Kimmy (Cameron Diaz) zu heiraten. Highlight des Films ist auf jeden Fall Rupert Everett als Juliannes schwuler Freund George. Süß!

Das Outfit des Bräutigams

Grundsätzlich darf der Mann alles tragen – von Strickjacke und Sandalen einmal abgesehen. Es gibt weder Vorschriften bezüglich der Farbe noch des Schnitts seines Anzugs. Einziger Punkt, den es unbedingt zu beachten gilt: Das Outfit des Bräutigams sollte zu dem der Braut passen – und zwar in Farbe und Stil.

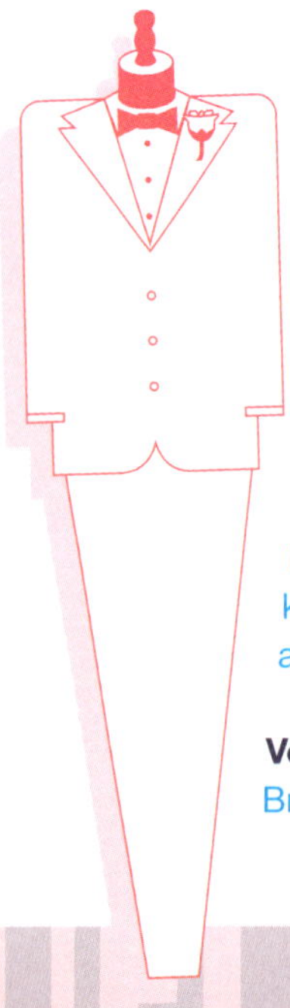

Klassisch: Als Klassiker unter den Hochzeitsanzügen gilt der Smoking. Viele Männer freuen sich, endlich mal à la James Bond aufzutreten, und lassen es sich nicht nehmen, einen eigenen Smoking zu kaufen. Man kann ihn aber sonst auch leihen.

Verspielt: Der lässige Bräutigam wählt ein weißes Dinnerjacket zur Smokinghose – aber bitte nicht mit schwarzer Fliege!

Extravagant: Wer den besonderen Auftritt liebt, trägt zu seiner Hochzeit einen Frack oder gar einen Stresemann (gestreifte Hose! Hut!).

Schlicht: Männer, die das Understatement lieben (und das sind bekanntlich viele), kaufen sich einfach einen guten dunklen Anzug (der »geht« dann auch noch für andere Feiern).

Sommerlich: Eine wirkungsvolle Alternative zum ewigen Schwarz ist ein heller

Anzug – gerade bei Sommerhochzeiten kann der Mann damit viele Modepunkte sammeln. Hier ist die Abstimmung mit dem Farbton des Brautkleids allerdings besonders wichtig.

Achtung: Wichtig ist, dass die Schuhe und Strümpfe (keine Socken!!!) zum Anzug passen. Der stylische Bräutigam trägt Lackschuhe, die meisten Herren werden sich in diesem Punkt allerdings mit »zu unmännlich« rausreden und doch lieber schlichte Modelle wählen, die sie dann noch im Büro auftragen können.

Accessoires

Natürlich können auch die Männer ihr Outfit noch etwas aufpeppen. Sie müssen sich nur trauen – und sich etwas Zeit nehmen, um sich vom Herrenausstatter ihres Vertrauens beraten zu lassen. Für den großen Tag darf es mal was anderes sein als 08/15, also probieren Sie einige Accessoires wenigstens mal aus:

- **farbige Weste:** kann der Knaller sein, auch wenn's erst einmal shocking klingt
- **exklusive Fliege:** bzw. Krawatte (mit Manhattan-Knoten!)
- **Hut:** Melone, Zylinder, Gangsterhut mit gebogener Krempe – muss zum Stil des Anzugs passen
- **Kummerbund:** passt zum Smoking, farblich mit der Fliege abstimmen!
- **Einstecktuch**
- **Blume im Knopfloch:** klassisch: Chrysantheme, romantisch: rote Rose, kreativ: eine Blume aus dem Brautstrauß

04 DIE TRAUUNG

LOVESTORY Teil 4

SZENE VII

Bei Julia und Peter. Zwei Wochen vor der Hochzeit. Peter sitzt auf dem Sofa und guckt Fußball.

JULIA: (*kritzelt geschäftig auf einem Klemmbrett rum*) Du, unsere Geschenkeliste wird gut angenommen. Sogar den Raclette-Grill hat schon jemand bestellt. Toll, was?

PETER: (*nimmt die Augen nicht vom Fernseher*) Hm.

JULIA: Und Feli hat sich total lustige Spiele für die Feier ausgedacht *(kichert vor sich hin)*. Wir brauchen noch Prosecco fürs Standesamt. Sollen wir den von ALDI nehmen?

PETER: (*ärgert sich über das Fußballspiel*) Oh nein!!!!

JULIA: Was denn, findest Du den zu billig? Aber wir brauchen bestimmt 20 Flaschen! (*hält erbost inne*:) Schatz! Jetzt sag doch mal!

PETER: (*löst sich schweren Herzens vom Fernseher*) Jaaa.

JULIA: (*stampft mit dem Fuß auf*) Was ja?

PETER: (*streicht sich verwirrt durchs Haar*) Ich, äh, weiß nicht. Was war noch mal die Frage?

(*Fußballreporter im Fernsehen schreit TOOOOR!*)

SZENE VIII

Vor dem Standesamt. Der große Tag.
Peter wartet mit seinem Trauzeugen Philipp und seinen Eltern. Die Trauung soll in 10 Minuten beginnen.

PETER *(schaut nervös auf die Uhr)*: Wo bleibt sie bloß?

PETERS MUTTER: (*spitz*) Julia kommt immer zu spät.

PHILIPP: Sie kommt schon noch rechtzeitig. (*legt Peter beruhigend den Arm um die Schultern*) Du weißt doch: Frauen. Wahrscheinlich zieht sie sich noch mal um.

PETER: (*entsetzt*) Das will ich doch nicht hoffen. Das Teil fürs Standesamt hat über ... (*Seitenblick auf seine Mutter*) ... äh, ziemlich viel gekostet.

PETERS MUTTER: (*missbilligend*) Ich hatte ihr ja angeboten, mein altes Kostüm ändern zu lassen. Das ist noch tipptopp in Schuss.

PETER: Vielleicht hat sie es sich anders überlegt. (*starrt Philipp leicht panisch an*) Ich meine, oh Gott, bestimmt ist das die Rache, weil ich mich nicht genug um die Vorbereitungen gekümmert habe!!

PHILIPP: (*klopft Peter lachend auf den Rücken*) Jetzt entspann' dich mal. Sie wird bestimmt jede Minute hier sein. Hast du denn die Ringe?

PETER: (*erbleicht*) Die Ringe? Ich denke, die hast du!

04 DIE TRAUUNG

WILLST DU, JULIA, DEN HIER ANWESENDEN PETER …

Endlich, endlich ist es so weit: Sie dürfen »Ja« sagen. Oder auch »Ja, ich will!« rufen. Auch wenn Sie der anschließenden Feier womöglich mehr entgegenfiebern: Der große Moment ist in dem Augenblick gekommen, in dem Sie beide in die Ehe einwilligen. Im Bürokratenjargon heißt das berühmte Ja-Wort übrigens »Ehekonsenserklärung« oder »Eheschließungsabkommen«. Wenn Sie im Standesamt die Papiere unterschrieben haben, sind Sie ganz offiziell verheiratet. Mann und Frau, ein Ehepaar – wow. Endlich müssen Sie nicht mehr von Ihrem »Partner« (was nach Geschäftsbeziehung klingt) oder »Freund« (was sich anhört, als wären Sie der Pubertät immer noch nicht entwachsen) sprechen, sondern dürfen mit Fug und Recht »mein Mann« sagen.

DIE STANDESAMTLICHE TRAUUNG

Ken & Barbie haben definitiv nicht im Standesamt geheiratet, ebenso wenig wie Dornröschen. Julia Roberts hat (in *Die Braut, die sich nicht traut)* ihren Verlobten auch nicht im Büroflur stehen lassen, sondern natürlich vor dem Altar in der vollbesetzten Kirche.

Das Standesamt spielt in unseren Hochzeitsfantasien eine eher untergeordnete (oder auch gar keine) Rolle. Kein Wunder, denn die meisten Standesämter haben so gar nichts mit Romantik zu tun. Natürlich gibt es Ausnahmen (siehe S. 44) – aber nicht jeder kann oder möchte sich hier eine Extravaganz leisten.

In jedem Fall müssen Sie Ihren Klein-Mädchen-Hochzeitsfilm aktualisieren, denn 1875 wurde in Deutschland die sogenannte Zivilehe eingeführt, d.h., ohne standesamtliche Trauung geht gar nichts. Deshalb darf die kirchliche Trauung auch erst danach stattfinden. Die meisten Braut-

Profitipp
Wenn Sie in einer Stadt mit mehreren Standesämtern wohnen, lohnt sich ein ausführlicher Erkundungsgang. Vielleicht ist ja eines mit hübscher Fassade und / oder ansprechendem Trauzimmer dabei!

paare haben zwei Hochzeitstage, da die Standesämter nur während der Woche geöffnet haben (beliebtester Tag: Freitag), die kirchliche Trauung und die anschließende Feier aber fast immer am Wochenende stattfinden (beliebtester Tag: Samstag).
Zur standesamtlichen Trauung muss man sich anmelden: Frühestens sechs Monate vor dem Wunsch-Hochzeitstag. Viel länger sollten Sie sicherheitshalber auch nicht warten – es sei denn, es macht Ihnen nichts aus, sich an einem Montag um 8:20 Uhr das offizielle Ja-Wort zu geben.

Was Sie brauchen

Und noch was Unromantisches: Zum Heiraten brauchen Sie ein paar Dokumente. Je nachdem, wie kompliziert Ihre familiäre Vorgeschichte ist, hält sich der bürokratische Aufwand allerdings meist in Grenzen. Für alle anzufordernden Dokumente gilt: Sie dürfen nicht älter als sechs Monate sein.
Unbedingt brauchen Sie:

✓ **Personalausweis oder Reisepass**

✓ **Personenstandsurkunde**
Das ist eine beglaubigte Abschrift aus dem Familienbuch der Eltern, die Sie bei dem Standesamt bekommen, wo Ihre Eltern getraut wurden.

Eventuell brauchen Sie außerdem:

✓ **Abstammungsurkunde**
Wenn Ihre Eltern vor dem 01.01.1958 (Westdeutschland) oder dem 03.10.1990 (Ostdeutschland) geheiratet haben oder gar nicht verheiratet sind oder wenn ein Elternteil adoptiert ist. Die Abstammungsurkunde bekommen sie beim Standesamt Ihres Geburtsortes.

AHA

GUT ZU WISSEN

Das Familienbuch ist nicht das Gleiche wie das Familienstammbuch, das einige Familien zu Hause haben. Ins Stammbuch werden die Heiratsurkunde und später die Geburtsurkunden der Kinder eingeheftet.

✓ **Einbürgerungsurkunde im Original:**
Wenn Sie nicht von Geburt an die deutsche Staatsangehörigkeit besessen haben.

✓ **Neue Abstammungsurkunden gemeinsamer Kinder:**
Wenn Sie solche haben. Die Abstammungsurkunden gibt es beim Geburtsstandesamt der Kinder.

✓ **Promotions- oder Diplomurkunde im Original:**
Wenn Ihre akademischen Grade im Heiratsregister eingetragen werden sollen.

✓ **Heiratsurkunde(n) / Scheidungsurkunde(n):**
Wenn es nicht Ihre erste Ehe ist.

Damit Ihr offizieller Start ins Eheleben nicht nur ein langweiliger bürokratischer Akt wird, sollten Sie sich vorher überlegen, wie Sie die standesamtliche Trauung etwas »aufmotzen« können. Je nach Typ ergeben sich da verschiedene Möglichkeiten:

Die Anspruchsvolle

Ihr Motto ist nicht »Man heiratet nur einmal«, sondern dreimal, und zwar: Standesamt, Kirche (bzw. freie Zeremonie, siehe S. 94), Feier. Und natürlich ist es kein Problem, gleich aus dem ersten Teil etwas ganz Besonderes zu machen.

- Kleidung / Frisur: Das Brautkleid und die ganz große Hollywoodfrisur kommen zwar erst in der Kirche zum Einsatz, aber das ist kein Grund, sich fürs Standesamt in irgendein langweiliges Ding vom letzten Jahr zu hüllen. Gönnen Sie sich ruhig ein aufsehenerregendes Outfit – es muss ja gar nicht Braut-like sein. Ihr Friseur

Es war einmal

Früher musste man ein »Aufgebot« bestellen: Die beabsichtigte Ehe wurde öffentlich bekannt gemacht, damit jeder Bescheid sagen konnte, wenn er etwas wusste, das gegen diese Heirat sprach. Seit der Aufhebung des Ehegesetzes (1998) gibt es diesen Aushang nicht mehr. Seitdem braucht man offiziell auch keine Trauzeugen mehr.

Abb. Reis =

01 Fruchtbarkeit

02 Fleck

03 Ärger

Lassen Sie sich nur mit »Parboiled« Reis bewerfen, sonst riskieren Sie helle Flecken auf dunkler Kleidung.

Wenn Sie nicht kirchlich heiraten und die Reis-und-Blumen-streu-Arie vor dem Standesamt abfeiern, fragen Sie vorher nach, ob es da bürokratische Einwände gibt! Auf jeden Fall sollten Sie einen Besen mitnehmen, um das verstreute Glück hinterher zusammenzuxkehren.

könnte schon die Frisur für die große Feier proben – oder mal was ganz anderes.

- Gäste: Seien Sie ruhig hemmungslos mit der Bekanntgabe des Trau-Termins. Egal ob Kollegen, Nachbarn, Bekannte aus dem Fitnessclub, alte Freunde, neue Freunde – sie sollen gerne alle das Brautpaar unmittelbar nach der Trauung beglückwünschen. Für das Glücksgefühl à la Oscar-Verleihung brauchen Sie nur genug Flaschen Sekt oder Prosecco und ausreichend Gläser (notfalls auch die transparenten Plastikkelche).
- Fotograf: Buchen einen Profi, der Sie nicht nur vor und nach der Trauung fotografiert, sondern auch ein paar besondere Orte für ganz besondere Fotos aussucht (siehe auch S. 95)
- Extras: Wahrscheinlich werden Ihre Gäste selbst drauf kommen, aber sicherheitshalber können Sie ja ein paar dezente Hinweise im Vorfeld geben: Reis (= Symbol für Fruchtbarkeit) werfen kommt gut – ebenso wie süß angezogene Kinder, die Rosenblätter streuen. Und wenn Sie zur kirchlichen Trauung in einer Leih-Limousine oder Kutsche fahren, dann könnten Sie doch fürs Standesamt Ihr eigenes Auto schmücken (oder schmücken lassen).
- Und danach? Sammeln Sie Ihre liebsten Verwandten und besten Freunde und gehen Sie schön essen. Ja, auch dafür müssen / dürfen Sie vorher Einladungen verschicken – die rechtzeitige Tischreservierung nicht vergessen!

Profitipp
Wenn die Trauzeugen (oder andere Gäste) von weither anreisen, sollten Sie rechtzeitig überlegen, wo diese übernachten können. Privat? Im Hotel? Treffen Sie Vorkehrungen!

Die Romantische

Nur zähneknirschend akzeptieren sie, dass das Märchen nicht mit dem Hochzeitsmarsch und einem feierlichen Einzug in die Kirche beginnt, sondern auf grauer Auslegeware.

Aber Sie schaffen es sicher trotzdem, auch hier ein Mindestmaß an Romantik aufkommen zu lassen.

- Kleidung / Frisur: Fragen Sie im Brautmodengeschäft: Dort werden Extraoutfits für die standesamtliche Trauung angeboten. Kostüme, schlichte Kleider oder Hosenanzüge, meist auch in Weiß oder Cremefarben – die Auswahl ist riesig. Vielleicht mögen Sie auch eine ganz andere Farbe? So kommt trotz Büro-Tristesse gleich das richtige Hochzeitsfeeling auf! Eine besondere Frisur erscheint Ihnen vielleicht übertrieben, aber ein Friseurbesuch außer der Reihe darf schon drin sein.
- Gäste: Laden Sie Ihre Trauzeugen und die engsten Verwandten ein und stoßen Sie mit Champagner an.
- Fotos: Bitten Sie mindestens zwei der Anwesenden, Fotos zu machen. Falls jemand unterbelichtet oder die falsche Speicherkarte dabeihat, haben Sie immer noch eine zweite Chance …
- Extras: Teilen Sie Seifenblasen aus – die Fläschchen gibt es z. B. in Taubenform zu kaufen! Und vielleicht kommt ja jemand auf die hübsche Idee, eine kleine Hochzeitstorte mitzubringen (selber backen oder beim Bäcker bestellen, evtl. vorher mit Mutter oder Schwiegermutter besprechen), die dann stilvoll angeschnitten und verspeist werden kann.
- Und danach? Entweder ganz klassisch ins Restaurant oder bei gutem Wetter zum Picknick auf eine schöne Wiese. Unglaublich romantisch! Einfach vorher ein paar Picknickkörbe aus dem Bekanntenkreis leihen, mit besonderen Leckereien füllen (lassen), Decken einpacken – und alle Gäste werden begeistert sein!

Profitipp

Klären Sie vorher, ob es im Standesamt Räumlichkeiten gibt, wo man den Sekt ausschenken und evtl. sogar ein kaltes Buffet aufbauen kann! Dann müssen Sie nicht mit Ihren Gästen im Büroflur rumstehen.

04 DIE TRAUUNG

Die Pragmatische

Bloß kein Brimborium, so lautet nun mal Ihr Motto für die Hochzeit. Am liebsten würden Sie auch ganz ohne Gäste »nur mal eben« zum Standesamt gehen, aber dann wären Eltern und Schwiegereltern für immer vergrätzt? Hier finden Sie ein paar Anregungen für eine schlichte Hochzeit, die trotzdem nicht für schlechte Stimmung in der Familie sorgt.

- Kleidung / Frisur: Nein, Sie wollen sich nicht auftakeln. Aber gönnen Sie sich ruhig was Neues, das auch noch für andere Partys taugt. Mit Ihrer Frisur sind Sie eigentlich zufrieden? Dann bleiben Sie es auch und sparen Sie sich den Friseurbesuch. Wenn nicht: Ist das nicht die Gelegenheit, mal diese Heißwickler auszuprobieren? Oder endlich mal die Kurzhaarfrisur zu wagen, von der Sie schon lange träumen?
- Gäste: Selbst wenn Sie froh sind, dass man keine Trauzeugen mehr braucht: Laden Sie die beste Freundin / den besten Freund ruhig trotzdem ein. Sie müssen ja nichts bezeugen, sondern können einfach nur zugucken. Und dazu Eltern, Schwiegereltern und Geschwister.
- Fotos: Bestimmt bringt Papa seine Kamera mit, aber falls er den Film vergisst: Packen Sie Ihre Digicam ein – anstelle von stilvollen Porträts für die Ewigkeit schießen Sie lustige Schnappschüsse. Und als Wettbewerb für die Gäste: Wer macht das beste Foto vom Brautpaar?
  Extras: Keine.
- Und danach? Bestimmt kennen Sie ein kleines feines
- Restaurant, das eh nur wenige Tische hat. Perfekt für ein stilvolles Essen im kleinen Rahmen!

Für Männer

Klar, euretwegen könnte sie auch in diesem netten Fummel heiraten, den sie letztes Jahr Silvester anhatte. Und ihre Haare gefallen euch ja sowieso, egal was sie damit anstellt. Das ist total super, wenn ihr so denkt, aber erwartet nicht, dass eure nunmehr Fast-Ehefrau auch nur eine Minute darüber nachdenkt, zu ihrer Hochzeit etwas zu tragen, das bereits in ihrem Schrank hängt. Nein. Denn hier handelt es sich um ihre Hochzeit und dafür braucht sie mindestens ein neues Kleid, und zwar ein Brautkleid. Ja, es ist teuer und ja, sie sieht irgendwie verkleidet damit aus – aber das ist andererseits auch Sinn der Sache. (Wahrscheinlich braucht sie für die standesamtliche Trauung ein Extraoutfit, bitte auf keinen Fall mit dem Satz »Meinst du wirklich, das ist nötig, Schatz?« kommentieren.)

Außerdem braucht sie eine absolut brautmäßige Frisur und die muss wahrscheinlich ein Friseur erstellen. Dabei wird er viel Haarspray und viele Haarklemmen verwenden – und mit Sicherheit wird eure Zukünftige dann sehr verändert aussehen. Ein spezielles Make-up könnte diesen fremdartigen Eindruck noch verstärken. Und jetzt ACHTUNG: Ein falsches Wort von euch und sie könnte einen Heulkrampf kriegen, die Hochzeit absagen und / oder einen lang andauernden Psycho-Schaden davontragen. Deshalb solltet ihr folgende Regeln unbedingt beachten:

Regel Nr. 1: Sagen, dass sie toll aussieht.
Regel Nr. 2: Sagen, dass ihr Kleid toll aussieht.
Regel Nr. 3: Sagen, dass ihre Frisur toll aussieht.
Regel Nr. 4: Diese Aussagen im Laufe der Hochzeitsfeierlichkeiten mehrfach wiederholen.

(Sprachliche Varianz gibt Extrapunkte. Hier daher ein paar Synonyme für »toll«: hinreißend, großartig, atemberaubend, sexy, super, klasse, sensationell, umwerfend, unglaublich hübsch / schön / gut.)

RECHTLICHES

Ehevertrag

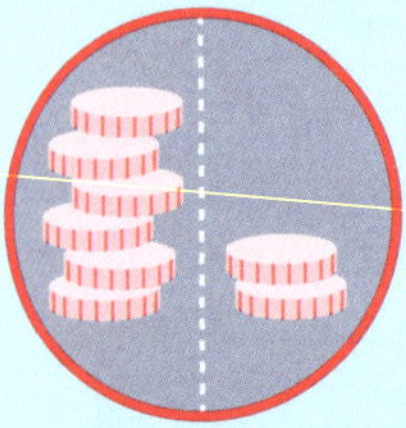

Gütertrennung

Zugewinn-gemeinschaft

Ehevertrag

Dieses Wort möchten Sie nicht einmal denken, während Sie auf Wolke sieben schwebend Ihre Hochzeit vorbereiten. Aber garantiert werden Sie von mehreren Mitmenschen auf einen Ehevertrag angesprochen, dazu zählen meist in vorderster Front Eltern und / oder Schwiegereltern.
Auch wenn es schwerfällt, über einen Ehevertrag sollte man zumindest nachdenken – vieles wird dadurch im Falle einer (sowieso schon grässlichen) Scheidung erleichtert.
Zwar werden die meisten Punkte ohnehin durch unser Gesetz geregelt. In einem Ehevertrag kann man zum Beispiel nicht festlegen, dass der Mann im Falle einer Scheidung alles bekommt und die Frau gar nichts – solche »Ungerechtigkeiten« sind von vorneherein ausgeschlossen. Auch der Unterhalt für die Frau und die Kinder sowie der Versorgungsausgleich im Alter sind bereits gesetzlich geregelt.

Was den sogenannten Güterstand betrifft, so lebt man ohne Vertrag in einer Zugewinngemeinschaft. Das heißt, jedem gehört das, was er in die Ehe einbringt – und erst einmal auch das, was er während der Ehe erwirbt. Im Falle einer Scheidung findet ein Zugewinnausgleich statt, das heißt, das Vermögen, das beide Partner während der Ehe dazugewonnen haben, wird zusammengezählt und zu gleichen Teilen aufgeteilt. Wenn der Mann also viel Geld verdient und die Frau nichts, weil sie die vier Kinder erzieht, kann sie bei einer Scheidung ihr Recht auf Zugewinnausgleich geltend machen.

In einem Ehevertrag kann man davon abweichend die Gütertrennung vereinbaren. Dann behält jeder sein eigenes verdientes Geld – und bei Trennung wird nix ausgeglichen. So eine Regelung hat heutzutage schon ihre Berechtigung:

Wenn beide Partner einen Beruf ausüben und nicht mehr (wie früher) davon ausgehen, dass eine Ehe einen von beiden zum Versorger macht.

Sinn macht ein Ehevertrag aber vor allem, wenn einer der Partner bereits Kinder hat (damit diese durch die Ehe nicht in der Erbfolge benachteiligt werden), wenn einer der Partner eine andere Staatsangehörigkeit hat (um zu klären, welches nationale Recht im Falle einer Scheidung gelten soll) oder wenn es bestimmte (wertvolle) Dinge gibt, die einer von beiden während der Ehe erwirbt (z. B. ein Haus, eine Firma, Antiquitäten). Im letzteren Fall müssten diese Vermögensgegenstände ausdrücklich vom Zugewinnausgleich ausgenommen werden. Lassen Sie sich im Zweifel von einem Anwalt beraten, der dann auch den Vertrag aufsetzt und notariell beglaubigen lässt (sonst ist er nämlich wertlos).

Kinder

Namensrecht

Mit der Heirat hat einer von Ihnen die einmalige Chance, seinen Namen zu ändern – oder eben nicht. Früher musste sie seinen Namen annehmen, egal ob er Schuppenwutz oder Müller hieß. Heutzutage geht da viel mehr: Beide heißen wie die Frau, beide heißen wie der Mann oder beide heißen wie gehabt. Oder aber einer von beiden legt sich einen (der eher unbeliebt gewordenen) Doppelnamen zu. Die Reihenfolge der aneinandergehängten Namen ist dabei egal, den Kindern allerdings wird das neue Namengebilde nicht zugemutet. Sie heißen so wie der Elternteil mit dem Nicht-Doppelnamen, der dann als Familienname gilt. Auch wenn beide Partner ihren Namen behalten, müssen Sie sich für einen Familiennamen entscheiden, den dann alle Kinder tragen.

Staatsbürgerschaft

Namensrecht

DIE KIRCHLICHE TRAUUNG

Natürlich gibt es Paare, die sich völlig einig sind, dass sie kirchlich heiraten wollen. Für viele allerdings führt die Frage, ob man auch in der Kirche heiratet, zu erbitterten Diskussionen. Oft sind es die Frauen, die unbedingt vor den Altar treten wollen. Auch wenn sie sonst nie in die Kirche gehen: Zu einer richtigen Hochzeit gehört für sie ganz selbstverständlich auch die kirchliche Trauung. Der Weg durch den Kirchengang, die Orgel, das feierliche Ambiente, das Ja-Wort vor dem Pastor im Talar – das alles macht für sie eine Märchenhochzeit aus. Mit Religion hat das gar nicht unbedingt etwas zu tun, es geht eher um Kulisse, Tradition und Romantik.

Männer hingegen sind oft sehr rigoros: Wo kein Glaube ist, da ist auch keine kirchliche Trauung. Und sie sagen Sätze wie: »Warum soll ich denn in einer Kirche heiraten, wenn ich schon im Standesamt war?« Julia Roberts, Prinzessin Diana, Barbie & Ken sind für sie nicht unbedingt die zündenden Argumente. Sie sind jetzt männlich konsequent und wollen ihre Ehe auf keinen Fall mit Heuchelei beginnen.

Die Diskussion kann Ihnen keiner abnehmen, aber vielleicht hilft es ja, wenn Sie Ihrem Liebsten die verschiedenen Möglichkeiten einer kirchlichen Trauung aufzeigen können.

GUT ZU WISSEN

Viel Aberglaube rankt sich um den Tag der kirchlichen Trauung: Achten Sie vor allem auf folgende Dinge: Die Kirche mit dem rechten Fuß betreten (beide!). Auf dem Weg zur Kirche nicht umschauen (Sie wollen schließlich nicht schon nach einem anderen Mann Ausschau halten!). Vor dem Altar gaaanz eng beieinander stehen (sonst drängelt sich womöglich ein böser Geist dazwischen!).

Die Anspruchsvolle

Event Nr. 2 in Ihrem eigenen Hochzeitsspektakel ist die feierliche Trauung in der Kirche. Hier haben Sie den Auftritt Ihres Lebens und da soll es natürlich so festlich wie möglich zugehen.

- Wo? Besondere Kirchen gibt es viele. Wahrscheinlich haben Sie schon bei der Suche nach einer Location für die Feier darauf geachtet, dass sich auch eine Kirche in der Nähe befindet (siehe S. 43). Ihrer Fantasie sind jedenfalls keine Grenzen gesetzt. »Think big« ist Ihr Motto, also konzentrieren Sie sich bei der Suche nach Ihrer Kirche auf die Superlative: Die älteste, die größte, die auf dem höchsten Berg. Oder die Kirche mit den meisten Schnörkeln, dem schönsten Portal, der besten Orgel. (Tipps finden Sie z. B. unter www.weddix.de oder www.ratgeber-hochzeit.de)

- Kleidung / Frisur: Da kommen für Sie nur das glamouröse Brautkleid und die ganz extravagant gestylten Haare infrage. Wenn Sie es ganz im großen Stil halten wollen, sollten Sie mindestens eine Freundin zur Brautjungfer ernennen und sie ebenfalls schön einkleiden, passend zu den Blumenkindern. In Amerika ein Muss – hier immer noch etwas Besonderes.
- Fahrzeug: Ein richtig schickes Auto muss schon sein. Falls Ihnen außer Rolls Royce spontan keine Automarke der Kategorie »de luxe« einfällt, sollten Sie Ihren Partner hier ein paar Männerträume ausleben lassen. Vielleicht zeigt er dann den Enthusiasmus, den Sie schon so lange vermisst haben!
- Einzug: Den richtig großen Auftritt haben Sie, wenn Sie sich wie im Hollywoodfilm von Ihrem Vater zum Altar führen lassen. Mit ihm fahren Sie auch zur Kirche, während Ihr Liebster mit seiner Mutter kommt – und durch den Hintereingang die Kirche betritt, um Sie am Altar zu erwarten. Showtime! (Und nach der Trauung halten Sie sich bitte rechts von Ihrem Mann.)
- Deko: Auf jeden Fall Schmuck vor und in der Kirche. Aber vielleicht nicht nur Blumen. Richtig extravagant wird es mit individuellen Girlanden (Herzen, Gold, Glitter); die Blumenkinder können außer Blütenblättern auch noch z. B. Glitzerherzen streuen. Unbedingt die Trauzeugen briefen, dass sie das Auto schmücken!

Es war einmal

Früher trugen die Brautjungfern Kleider, die fast genauso aussahen wie das der Braut. Denn man hatte ständig Sorge vor bösen Geistern. Die wurden dann durch mehrere gleich schön gekleidete Frauen total verwirrt, konnten die echte Braut nicht herausfinden und ließen daher lieber gleich von der Sache ab. Früher gab es auch noch einen männlichen Begleiter für die Braut, den Brautführer, der sie vor ganz reellen Gefahren (wie etwa Räubern) schützen sollte.

- Musik: Den Hochzeitsmarsch spielt der Organist, aber zur Unterstützung der Gemeinde können Sie einen Chor und / oder ein kleines Orchester organisieren. Leider nicht ganz billig, aber die Wirkung ist sensationell. Besonders stimmungsvoll ist übrigens auch ein Gospelchor. Zum Auszug singt er »Chapel of Love« von den Dixie Cups und die ganze Hochzeitsgesellschaft ist automatisch in Beststimmung.
- Und danach? Ein paar lange Tische im Kirchgarten, weiße Tischdecken, Sekt im Sektkühler und kleine Häppchen – das ist der perfekte Auftakt für Ihre Hochzeitsfeierlichkeiten (im Winter reichen Sie Glühwein und Suppe).

  Und wenn Sie noch einen draufsetzen wollen: Lassen Sie Schmetterlinge fliegen! Jeder Gast bekommt einen Schmetterling in einer Faltschachtel, flüstert ihm nach alter Indianerlegende einen Wunsch für das Brautpaar zu und dann werden alle gleichzeitig freigelassen (z. B. unter www.hochzeit-schmetterling.de können Sie dieses Highlight bestellen. Preis: 25 Schmetterlinge plus Versand kosten ca. 160 Euro).

Profitipp

Machen Sie eine Generalprobe. Kein Witz. Wer geht wo, wann und wie schnell? Damit der Ablauf nicht zum Desaster wird, sollten sich die Hauptpersonen (Brautpaar, je ein Elternteil, evtl. eine Brautjungfer und die Blumenkinder, bewaffnet mit Papierschnitzeln) eine Woche vorher zum Probe-Heiraten versammeln. Und dann üben, üben, üben!

Die Romantische

Endlich naht der Höhepunkt Ihrer Hochzeitsfantasien: Einmal im weißen Kleid durch die Kirche schreiten, an allen Freunden und ,Verwandten vorbeidefilieren – ganz die strahlende, glückliche Braut. Natürlich möchten Sie diese Vision nicht unbedingt in der Vorstadtkirche Baujahr 1975 Wirklichkeit werden lassen.

- Wo? Für Ihren romantischen Hochzeitsfilm muss es eine richtig schnuckelige Kirche sein. Wenn Sie für die Feier ein Dornröschen-Schloss gesucht und gefunden haben (siehe S. 45), haben Sie sicher darauf geachtet, dass eine kleine Kapelle direkt dazugehört. Wenn Sie in »Ihrer« Stadt bleiben, dann gehen Sie ruhig mal auf Kirchen-Besichtigungstour. Oder fragen Sie Freunde nach der schönsten Hochzeitskirche in der Nähe.

- Kleidung / Frisur: Auf jeden Fall ein märchenhaftes Brautkleid ganz in Weiß und hochgesteckte Haare mit eingearbeiteten Blumen! (Zu weiteren Informationen siehe S. 56 und S. 98.) Ein alter Aberglaube besagt übrigens, dass die Braut etwas Altes, etwas Neues (= der Übergang vom alten in das neue Leben), etwas Geliehenes (= das Glück) und etwas Blaues (= Treue) tragen

Abb. Panik-Kit

Kurz vor dem großen Auftritt könnte die Braut am Rande des Nervenzusammenbruchs stehen. Idealerweise leistet die Trauzeugin moralischen Beistand, indem sie beruhigende Worte, Verständnis und praktische Unterstützung beisteuert.

soll. Grundlage ist der englische Spruch (und dann reimt es sich auch): »Something old, something new, something borrowed, something blue and a lucky six-pence in your shoe.« Die Sache mit dem Glückspfennig im Schuh wird heutzutage meist unter den Tisch gekehrt, aber die anderen Attribute sollte man schon besorgen. Endlich ein Grund, ein sexy – blaues – Strumpfband unterm weißen Kleid zu tragen!

- Fahrzeug: Pferdekutsche – ganz klar. Das ist nun einmal das romantischste Gefährt für die An- und Abfahrt des Brautpaars. Geschmückt mit Blumengirlanden und allem Drum und Dran. Unbedingt rechtzeitig buchen, denn so viele Kutschenverleihe gibt es nicht mehr!
- Einzug: Da Sie ja ganz romantisch in der Kutsche vorfahren, kommen Sie auch gemeinsam mit dem Bräutigam vor der Kirche an – übrigens außerhalb von Kinofilmen die übliche Variante. Sehr romantisch wird es, wenn die ganze Hochzeitsgesellschaft gemeinsam in die Kirche einzieht, und zwar in folgender festgelegter Reihenfolge: Brautjungfern, Blumenkinder, Braut (links!) und Bräutigam, Brautmutter (rechts) nebst Bräutigamvater, Bräutigammutter (rechts) nebst Brautvater, nahe Verwandte, entferntere Verwandte, Freunde, Rest. (Nach der Trauung geht die Frau dann rechts von ihrem Mann – dort ist nun ihr Platz!)
- Deko: Blumen, Blumen, Blumen. Viele Rosen und viel grün – in der Kirche und davor. Tolle Idee: Die Gäste schreiben ihre Wünsche für das Brautpaar auf herzförmige Zettel, die sie dann an einen großen Glückwunschstrauß hängen (evtl. von den Trauzeugen organisieren lassen). Die Blumenkinder streuen verschiedenfarbige Rosenblätter. Je mehr süße streuende Kinder, desto romantischer! Sie sollten traditionell möglichst klein sein, weiß gekleidet und eventuell Blumenkränze im Haar tragen. Das Blumenstreuen ist übrigens ein alter

Andere Länder, andere Sitten …

Bei den Suaheli wird die Braut erst mit Kokosnussöl massiert, mit Sandelholz parfümiert und an Armen und Knöcheln mit Henna-Mustern bemalt. Danach wird sie noch mal eben aufgeklärt, damit sie auch weiß, was in der Hochzeitsnacht auf sie zukommt. Seltsamerweise darf die Frau an der Hochzeitszeremonie in der Moschee nicht teilnehmen: Dort sind nur Männer zugelassen.

heidnischer Brauch: Die Blumenkinder sollen die Fruchtbarkeitsgöttinnen anlocken, damit diese positiv auf das Brautpaar einwirken und für reichlich Kindersegen sorgen.

- Musik: Vielleicht gönnen Sie sich eine Sängerin, die ein Musikstück vorträgt, das für Sie als Paar eine besondere Bedeutung hat. Falls das zu teuer ist: Fragen Sie im Freundes- und Bekanntenkreis: Vielleicht gibt es Gesangstalente oder jemanden, der »Ihr« Lied zumindest instrumental aufführen könnte.
- Und danach? Ein Glas Sekt bzw. Saft für jeden, serviert in besonders dekorierten Sektgläsern: Eine Efeuranke, ein Filzherz, eine winzige Blume – solche Kleinigkeiten kann man mit einem Stück Bast um das Glas binden. Macht zwar etwas Arbeit, sieht aber zauberhaft aus (die Trauzeugen können bestimmt helfen) und bietet die optimale Einstimmung auf das Romantik-Motto Ihrer Hochzeit. Der Clou: Lassen Sie weiße Tauben fliegen – als Symbol für die Treue (www.hochzeits-taube.de).

Die Pragmatische

Der große Auftritt im weißen Kleid mit Schleier und Schleppe ist nicht so ganz Ihr Ding. Trotzdem bedeutet Ihnen die kirchliche Trauung mehr als die standesamtliche? Dann sollten Sie jetzt tatsächlich alle Klischees und Erwartungen über Bord werfen und sich eine wirklich einsame, wirklich kleine Kirche suchen. Vielleicht im Ausland, als Auftakt der Flitterwochen. Nur Sie beide und der Pastor. Keine Zuschauer, kein Smalltalk, keine Extras.

AHA

GUT ZU WISSEN

Sie müssen in der Kirche weinen? Gut! Denn die Braut soll unbedingt am Hochzeitstag die eine oder andere Träne vergießen, das bringt Glück und verheißt umso weniger Tränen in der Ehe: »Lachende Braut – weinendes Weib; weinende Braut – lachendes Weib.«

04 DIE TRAUUNG

Was Sie wissen müssen

Egal ob Sie evangelisch, katholisch oder ökumenisch heiraten, Sie brauchen immer folgende Dokumente: Personalausweis, Taufurkunde, Heiratsurkunde oder Nachweis der Anmeldung vom Standesamt.
Je nach Art der Trauung gibt es weitere Besonderheiten:

01. Evangelische Trauung Wenn Sie beide evangelisch sind, gibt es garantiert kein Problem. Wenn einer von Ihnen katholisch ist, traut der evangelische Pastor Sie trotzdem gerne. Damit die Ehe aber auch von der katholischen Kirche anerkannt wird, braucht der katholische Partner eine Lizenz für diese sogenannte »Mischehe« und einen Dispens, also sozusagen eine Befreiung von den strengen Regeln der Eheschließung nach katholischem Ritus.

02. Katholische Trauung Selbst wenn Sie beide katholisch sind, wissen Sie vielleicht nicht, dass die Ehe in der katholischen Kirche als Sakrament gilt. Sie ist unauflöslich und ihr ausdrücklicher Zweck liegt darin, Nachkommen zu zeugen und sie im katholischen Glauben zu erziehen. Wenn einer der Partner evangelisch ist, muss er versichern, sich an diese Grundsätze zu halten. Nur so erteilt der Bischof einen Dispens, ohne den die Eheschließung nicht möglich ist.

03. Ökumenische Trauung Kirchenrechtlich gibt es eigentlich keine ökumenische Trauung, sondern nur eine katholische Trauung mit evangelischem Beistand oder eine evangelische Trauung mit katholischem Beistand. Federführend ist dabei meist der Geistliche, in dessen Kirche die Zeremonie stattfindet.

Auch in der Kirche sind begehrte Termine schnell ausgebucht! Setzen Sie sich daher rechtzeitig mit dem zuständigen Geistlichen Ihrer Heimatgemeinde in Verbindung.

Abb. Taa-tam-tadaah …

01 Der Auftritt

02 Der Ausrutscher

01

02

Er wird Sie dann zum Traugespräch bitten und den Ablauf der Zeremonie mit Ihnen absprechen. Planen Sie für diese Unterhaltung etwas Zeit ein und überlegen Sie sich vorher, was Ihnen für die Predigt wichtig ist. Der Geistliche wird Sie wahrscheinlich danach fragen! Außerdem wird besprochen, welche Lieder gesungen werden sollen (ja, Sie dürfen sich welche wünschen und sollten deshalb vorher überlegen, welche Kirchenlieder Sie kennen und mögen – und ob die Gemeinde sie mitsingen kann!) und wie der Trauspruch lauten soll. Natürlich kann der Pastor / Pfarrer Sie beraten, aber wenn Sie eine stundenlange Diskussion mit Ihrem Liebsten

vor dem Geistlichen vermeiden wollen, sondieren Sie besser rechtzeitig die Trauspruch-Lage. Unter www.trauspruch.de finden Sie nicht nur viele, viele Sprüche, sondern auch allgemeine Informationen zur kirchlichen Trauung.
Wenn Sie anderswo heiraten wollen (z. B. in einer mittelalterlichen Schlosskirche in den Bergen), wird Ihr Heimatpastor sich an den zuständigen Kollegen wenden. Oder vielleicht möchten Sie sich von Ihrem Pastor »von früher« trauen lassen, der könnte dann auch in die Kirche Ihres jetzigen Wohnortes kommen.
Wenn Sie den Segen außerhalb eines Kirchengebäudes empfangen wollen (im Park, am Strand, im Wald, zu Hause im Garten), sollten Sie zuerst mit Ihrem Pastor sprechen. Vielleicht kann er Ihren Wünschen persönlich nachkommen – oder er hilft bei der Suche nach einem Kollegen, der ganz individuelle kirchliche Trauungen vornimmt.

Profitipp
Man bekommt zwar ohnehin sehr viele Geschenke und man schenkt sich ja auch gewissermaßen die Ringe, aber üblicherweise schenkt der Mann seiner Frau trotzdem noch was extra zur Hochzeit. Etwas Besonderes, etwas Persönliches (im Zweifel Schmuck). Aber auch die Frau ist hier gefragt. Suchen Sie für Ihren Mann ebenfalls ein bleibendes Geschenk. Die Klassiker: Uhr, Manschettenknöpfe, Digitalkamera. Wem was Originelleres einfällt – umso besser!

»Freie« Zeremonie

Wenn Sie oder Ihr Partner aus der Kirche ausgetreten sind oder Sie aus anderen Gründen eine Trauung wünschen, die mit der Kirche als Institution nichts zu tun hat, können Sie sich an einen freien Theologen wenden (Arbeitsgemeinschaft Freier Theologen: www.agft.net). Egal ob am Nordseestrand oder unter Palmen im Ausland, egal ob mit Hardrockmusik oder mit einem Streicherquartett, egal ob im Brautkleid oder im Bikini, egal ob traditionell christlich oder völlig individuell: Sie »bestimmen«, der freie Theologe hilft dann bei der Planung. Und wenn Sie eine feierliche Zeremonie ganz ohne theologischen Beistand wünschen, wenden Sie sich an einen sogenannten »Freien Redner« (z. B. unter www.die-hochzeits-galerie.de). Er hilft ebenfalls, einen für Sie beide passenden Ablauf zu planen und führt dann durch die Trauung. Natürlich können Sie auch Ihre besten Freunde oder nahestehende Verwandte bitten, sich eine ganz besondere Zeremonie für Sie auszudenken.

Fotograf

Für die Hochzeitsfotos sollten Sie auf jeden Fall etwas vom Budget zurücklegen. Denn wozu sollten Sie sich die ganze Mühe mit der Organisation des perfekten Tages machen, ein teures Brautkleid kaufen und extra zum Friseur gehen – wenn diese Anstrengungen nicht aufs Feinste dokumentiert werden?

Recherchieren Sie zunächst bei sämtlichen Freunden und Verwandten, ob sie gute Erfahrungen mit »ihrem« Fotografen gemacht haben. Wenn sie auf diese Weise nicht fündig werden, bleibt immer noch das Internet.

Überlegen Sie, welche Fotos Sie wo haben möchten. Klassisch wäre vor dem Standesamt und / oder vor der Kirche. Die meisten Fotografen bieten ein komplettes Hochzeitspaket an mit Einzel- und Gruppenfotos; eventuell auch Schnappschüsse bei der Feier. Unbedingt Preise vergleichen – die Unterschiede sind enorm – und einen guten Deal aushandeln. Denken Sie daran, dass Sie bestimmt ein kleinformatiges Foto für die Dankeskarten brauchen, und planen Sie auch ein Digitalfoto ein (kostet evtl. extra!), das Sie per E-Mail an Ihre Freunde schicken können.

Die anspruchsvolle Braut sollte vorher mit dem Fotografen einige Locations besprechen, an denen sie mit ihrem Liebsten für besonders stimmungsvolle Fotos posieren will. Manche Paare nehmen sich dafür auch ein paar Tage vor der Hochzeit Zeit, um ganz in Ruhe (und selbstverständlich in voller Montur) Modell zu stehen. Dann könnte man mit dem Fotografen sogar an einige abgelegene Orte fahren (Strand, Park, Schloss, Hafen, Wiese etc.).

Berühmte Liebespaare

Heutzutage interessiert sich kaum jemand dafür, ob einer der Partner schon einmal verheiratet war. Früher allerdings galt eine Scheidung als absolutes Tabu. Wenn ein Mann eine geschiedene Frau heiraten wollte, musste er sehr viel Mut aufbringen. Manchmal auch mehr als das …

Der Herzog und die Herzogin von Windsor
Die Amerikanerin Wallis Simpson war nicht nur einmal verheiratet, sondern bereits zum zweiten Mal, als sie den englischen Thronfolger Edward kennenlernt. Die beiden beginnen eine leidenschaftliche Affäre, die sie nicht lange geheim halten. Anfang 1936 wird Edward König und seine Liebe zu der verheirateten Wallis Simpson der meistbetratschte Skandal der Welt. Im Oktober 1936 lässt Wallis sich scheiden, im Dezember dankt Edward VII ab. Er verzichtet auf den Thron Großbritanniens, um seine Geliebte heiraten zu können. Er wird zum Herzog von Windsor ernannt und verlässt das Land, um mit seiner Frau im Exil in Frankreich und den USA zu leben. Geld haben sie genug: Sie geben rauschende Partys, beschenken sich gegenseitig mit kostbarem Schmuck und genießen ein exklusives Jetset-Leben. Gegen alle Widerstände haben Edward und Wallis ihre Liebe gelebt und waren damit Vorreiter für die vielen Blaublütigen, die heutzutage ganz ohne großes Aufsehen Bürgerliche ehelichen.

Er heiratete sie, weil er sie liebte.
Sie liebte ihn, weil er sie heiratete.

Jean-Paul Sartre

Vor der Premiere …

… müssen Sie Ihre Checklisten überprüfen. Kleid fertig? Wer nimmt die Ringe mit und wer den Prosecco zum Anstoßen? Anfahrt geklärt? Überprüfung des Trau-Termins, Uhrenvergleich.
… sollten Sie Ihren neuen Namen schreiben üben (falls Sie den Namen Ihres Liebsten annehmen, siehe S. 84) – morgen müssen Sie ihn schwungvoll unter ein wichtiges Dokument setzen. Und dabei nicht an Ihre Schwiegermutter in spe denken, nur weil die genauso heißt!
… können Sie ein Glas Wein trinken und früh ins Bett gehen. Je ausgeschlafener Sie sind, desto besser sehen Sie am nächsten Morgen aus. Homöopathische Mengen Alkohol sorgen für die nötige Bettschwere, falls Sie befürchten, vor Aufregung kein Auge zuzubekommen.

Ein Buch – ein Film

Es soll ja Leute geben, die im letzten Moment die Hochzeit absagen. Zum Glück nur im Roman. Da Ihnen das nicht passiert, können Sie ganz relaxt *Schwupps! Verliebt, verlobt – vergiss es!* von Zoë Barnes lesen. Bescheuerter Titel, lustige Geschichte: Gemma und Rory wollen heiraten, aber nur im kleinen Kreis. Leider plant die Familie eine Superparty mit 500 Gästen, und schließlich hört der Spaß für das Brautpaar auf.

Und wenn Sie am Abend vor der Trauung gar nicht schlafen können, schlägt die Stunde für Katherine Hepburn in der großartigen Screwball-Comedy: *Die Nacht vor der Hochzeit* von 1940. Die Handlung ist sehr verwickelt – in jedem Fall geht es um Hochzeitsvorbereitungen in reichen Kreisen. Wer's gerne mit Musik hat: 1956 gab es ein Remake als Musical mit Grace Kelly, Bing Crosby und Frank Sinatra unter dem Titel *Die oberen Zehntausend*. Abends bei »True Love« mitschmachten und am nächsten Morgen heiraten – romantischer geht's nicht!

Beauty & Ringe

Wetten, Sie waren noch nie beim Friseur, um sich nur für einen Tag »die Haare machen« zu lassen? Für Models, Schauspielerinnen und reiche Amerikanerinnen ist das ein Routinetermin – aber »normalen« Frauen kommt es eher abwegig vor. Trotzdem sollten Sie sich, wenn es im Budget noch drin ist, dieses Extra gönnen.

Die Hochzeit ist DIE Gelegenheit für ein besonderes Haarstyling. Für lange Haare gibt es 1000 Möglichkeiten: eine aufwendige Hochsteckfrisur mit Perlen, Blumen, Federn, Kämmen etc., Engelslocken oder extravagante Wellen wie Greta Garbo in den 20er Jahren. Aber auch für kurze Haare hat ihr Friseur garantiert tolle Ideen: eine neue Farbe, ein angestecktes Haarteil oder den kunstvoll eingearbeiteten Schleier.

Und wenn Sie ganz und gar perfekt gestylt auftreten wollen, gibt es als I-Tüpfelchen das Profi-Make-up! Am besten ist es, wenn alles in einer Hand liegt – viele Friseurstudios bieten das Komplettpaket an. Informieren Sie sich rechtzeitig, vergleichen Sie Preise und machen Sie einen Termin zur Beratung und eventuell sogar zur Generalprobe für Haare und Make-up.

Ringe

Noch wichtiger als das Styling der Braut sind die Eheringe, denn die sollen schließlich ein Leben lang gefallen. Die meisten Brautpaare wählen immer noch goldene Ringe. Wer den Gelbton nicht mag, kann auf Weißgold (sieht aus wie Silber, ist aber härter) oder Platin ausweichen. Letzteres ist der Rolls Royce unter den Edelmetallen: superteuer und superunempfindlich – empfehlenswert für alle, die viel handwerklich tätig sind, denn Platin verkratzt praktisch nie.
Eheringe müssen übrigens nicht gleich

aussehen. Oft bekommt der Mann einen schlichten Reif und die Frau eine verzierte Ausführung desselben Modells. Wem der klassische Brilli zu langweilig (oder zu protzig ist), kann zwischen zig anderen Steinchen wählen. Wer es etwas spirituell mag: Allen Edelsteinen sagt man bestimmte magische Kräfte nach. So soll der Rubin für Zufriedenheit sorgen, der Smaragd für Liebesglück und der Saphir für Gesundheit. Häufig wählen Braut und Bräutigam unterschiedliche Breiten, weil ein schmaler Reif an kleinen Händen einfach besser aussieht.

Auf jeden Fall sollte man die Ringe innen gravieren lassen – entweder ganz schlicht mit dem Hochzeitstag oder mit einem persönlichen Text.

Übrigens...

Ganz kreative Paare stellen ihre Trauringe selbst her. Das geht? Jawohl, in speziellen Kursen, die einige Goldschmiede anbieten. Das hört sich abwegiger an, als es ist. Brautpaare mit etwas handwerklichem Geschick können unter professioneller Anleitung ganz individuelle Ringe herstellen, die meistens auch noch billiger sind als fertig gekaufte. Informationen gibt es zum Beispiel unter www.hobbygoldschmiede.de oder Sie googlen einfach »Trauringkurse« und Ihre Stadt – bestimmt werden Sie fündig!

05 DIE FEIER

LOVESTORY Teil 5

SZENE IX

In der mittelalterlichen Burg. Der große Abend. 19:30 Uhr Julia hat sich auf der Toilette verbarrikadiert.

FELI: (*klopft gegen die Tür*) Na los, Julia, alle warten!

JULIA: Ich geh da nicht rein!

FELI: Du musst! Es ist deine Feier! Was ist überhaupt los?

JULIA: (*heult*) Peters Mutter hat die Tischordnung geändert. Diese Tanja sitzt jetzt an unserem Tisch, du weißt schon …

FELI: … jaja, diese blonde Exfreundin von Peter, die jetzt Managerin ist bei …

JULIA: Coffee-Shop!!! Sie leitet nur einen blöden kleinen Coffee-Shop. Aber (*heult wieder*) sie ist dünn wie ein Model und hat Wimpern bis zur Decke – und (*haut bei jeder Silbe gegen die Tür*) sie (*dong*) sitzt (*dong*) mir (*dong*) direkt (*dong*) ge-gen-ü-ber (*dong-dong-dong-dong*)!!!

FELI: Aber er hat doch dich geheiratet! Und du siehst toll aus, wie eine Märchenbraut!

JULIA: (*öffnet zaghaft die Tür*) Meinst du?

SZENE X

Im Festsaal. 23 Uhr.
Die Feier ist in vollem Gange, alle amüsieren sich großartig, nur Peter sitzt seit 40 Minuten neben seiner Großtante Irene und würde jetzt gerne weg.

IRENE: Übrigens noch mal vielen Dank für die Einladung, Peterchen, jetzt sehe ich doch mal, wen du da geheiratet hast.

PETER: (*guckt sich hilfesuchend um*) Hm.

IRENE: Nettes Mädchen, die Julia. (*senkt die Stimme*) Obwohl die Eltern ja ein bisschen schlicht sind. Deine Mutter meint auch, … Peter, was machst du denn da?

PETER: (*hat JULIA entdeckt und fuchtelt wild mit den Armen, um sie herbeizulotsen*) Ach, äh, Julia will mit mir tanzen, glaube ich.

IRENE: (*missbilligend*) Also wirklich. Sie sollte besser aufpassen in ihrem Zustand!

PETER: Zustand? Welcher Zustand?

IRENE: (*kichert albern*) Oh, ist wohl noch geheim? Deine Mutter meinte, du weißt schon … Und das Kleid spannt ja auch ein bisschen.

JULIA: (*ist jetzt dazugekommen*) Was spannt?

PETER: (*zieht sie hastig auf die Tanzfläche*) Nichts, Schatz. Tante Irene findet nur, es ist ein spannender Abend.

DIE FEIER

ES LEBE HOCH!

Mal abgesehen von dem emotionalen Moment, in dem man sich das Ja-Wort gibt, bildet doch die Feier den Höhepunkt der Hochzeit. Alle Freunde und Verwandten sind da, alle schön angezogen, Braut und Bräutigam im Mittelpunkt des Geschehens, leckeres Essen, lustige Reden, gute Stimmung und am besten Tanz bis weit nach Mitternacht – so in etwa sieht die Idealvorstellung einer gelungenen Hochzeitsfeier aus. Damit das auch alles klappt, ist wiederum eine Menge an Vorbereitung erforderlich.
Zunächst gibt es ein paar allgemeine Dinge zu bedenken.

ESSEN
Liebe geht durch den Magen …

Profitipp
Um das Geschrei und Gerenne der jüngeren Gäste etwas einzudämmen, sorgen Sie für extra Kindertische, an denen das (Kinder-)Essen schneller serviert wird. Richten Sie außerdem eine Ecke mit Malsachen und einigen Gesellschaftsspielen ein!

… und die perfekte Hochzeitsfeier steht und fällt mit einem schönen Essen. Das muss kein Fünf-Gänge-Menü sein – Hauptsache, alles ist gut vorbereitet und passt zum Ambiente. Ob es ein Buffet gibt oder ein gesetztes Essen, wird meistens schon durch die Wahl der Location bestimmt. Wenn beides angeboten wird, überlegen Sie genau, welche Prioritäten Sie setzen wollen.
Ein Buffet ist wahrscheinlich billiger und sorgt von Anfang an für eine sehr lockere Atmosphäre: Man steht zusammen Schlange vor der Antipasti-Platte und kommt leicht ins Gespräch. Jeder kann das essen, was er mag und so viel er mag, keiner muss ungeduldig die Serviette kneten, weil der nächste Gang nicht an Land kommt. Für eine Feier mit vielen Kindern ist ein Buffet auf jeden Fall optimal. Ansonsten bedenken Sie, dass dabei immer eine gewisse Unruhe herrscht, die vielleicht nicht unbedingt erwünscht ist. Ein serviertes Menü dagegen wirkt sehr festlich. Zwischen den Gängen ist Gelegenheit für Reden und evtl. kleine Einlagen,

die die Gäste vorbereitet haben. Lassen Sie sich auf jeden Fall verschiedene Menü-Vorschläge (in unterschiedlichen Preiskategorien!) machen und denken Sie an eine vegetarische Alternative.
Wichtig ist auch, dass Sie vorher absprechen, welche Getränke »inklusive« sind. Üblicherweise sind das alle Getränke zum Essen sowie ein Aperitiv und ein Digestiv, außerdem ein Kaffee, Espresso u. Ä. für später. Wenn sich Ihre Gäste an der Bar Margherita und 30 Jahre alten Whisky bestellen, sollten sie besser selbst zahlen, sonst sind Sie ganz, ganz schnell einige Hundert Euro über Ihrem Limit. Sprechen Sie das Thema ganz direkt bei der Begrüßungsrede an – dann weiß jeder, woran er ist, und Sie müssen nicht den ganzen Abend um Ihren Kontostand fürchten, weil Onkel Herbert schon bei seiner zehnten Bloody Mary ist.

Übrigens: Auch wenn Ihre Feier erst abends beginnt, müssen Sie auf eine Hochzeitstorte nicht verzichten. Sie wird dann um Mitternacht angeschnitten – gemeinsam: Der Bräutigam schneidet, die Braut legt dabei ihre Hand auf seine. Hört sich ziemlich kitschig an, sieht auch so aus – aber so verlangt es nun mal die Tradition. Dann verteilt das Brautpaar die Kuchenstücke eigenhändig an alle Gäste. Hoffentlich mögen sie Marzipan! Denn das gehört unbedingt auf eine Hochzeitstorte, weil es aus Mandeln besteht, und die symbolisieren Glück in der Liebe. Überflüssig zu erwähnen, dass die gesamte Torte als Fruchtbarkeitssymbol gilt – je höher, desto mehr Kinder!

SITZORDNUNG

Mein rechter, rechter Platz ist frei …

… da wünsch ich mir die Trauzeugin herbei. Tja, daraus wird nichts – jedenfalls wenn Sie eine traditionelle Tischordnung pflegen wollen. Die sieht folgende Regeln vor: Das Brautpaar in der Mitte (Braut natürlich rechts vom Bräutigam), allerdings nie an einer Kopfseite, sondern immer in der Mitte einer Längsseite!

Der Vater des Bräutigams sitzt rechts neben der Braut, der Brautvater seiner Tochter gegenüber. Die Brautmutter sitzt links neben dem Bräutigam, die Mutter des Bräutigams ihm gegenüber. Weitere wichtige Gäste (Trauzeugen, Paten, Großeltern etc.) sitzen möglichst nahe am Brautpaar. Ansonsten sollten Damen und Herren jeweils abwechselnd nebeneinandersitzen – das geht natürlich nur, wenn Sie gleich viel weibliche wie männliche Gäste haben. Verheiratete Paare werden auseinandergesetzt (damit sie nicht immer aufeinanderglucken, sondern lieber Kontakte zu anderen Gästen knüpfen), frisch verliebte Paare hingegen lässt man durchaus Seite an Seite sitzen (sonst bekommen sie schlechte Laune und das schadet der ganzen Stimmung).

Je nach Größe des Raums und Anzahl der Gäste sollten Sie überlegen, ob Sie einen zusammenhängenden Tisch in Hufeisenform einrichten oder aber mehrere Tische für jeweils sechs bis acht Personen gruppieren.

Dann geht es darum, wer neben wem sitzt. Überlegen Sie vorher, wer gemeinsame Gesprächsthemen hat und wer sich nicht ausstehen kann. Schreiben Sie alle Namen auf kleine Zettel, zeichnen Sie den Tisch (oder die einzelnen Tische) auf ein großes Blatt Papier und spielen Sie ein bisschen Reise nach Jerusalem mit Ihrem Liebsten, um die bestmögliche Tischordnung auszutüfteln. Das ist nämlich komplizierter, als es klingt!

Es war einmal

Früher haben die Bräute ihre Hochzeitsschuhe mit gesparten Pfennigen bezahlt. Dieser Brauch hatte vielerlei Bedeutungen: Zunächst bringen Pfennige natürlich Glück, außerdem symbolisierten sie eine sparsame Braut (das war dem Bräutigam sehr wichtig!). Und da ein alter Aberglaube besagt, dass Männer ihren Frauen niemals Schuhe kaufen dürfen, weil sie ihnen sonst weglaufen, war es natürlich besonders wichtig, dass die Braut ihre Schuhe selbst bezahlt!

Abb. Die Feier / Der Feierabend

01a Sitzordnung (Beispiel)
- ○ Angehörige der Braut
- ○ Angehörige des Bräutigams
- ○ Trauzeugen & Co.

01b Die Hochzeitsnacht

01a

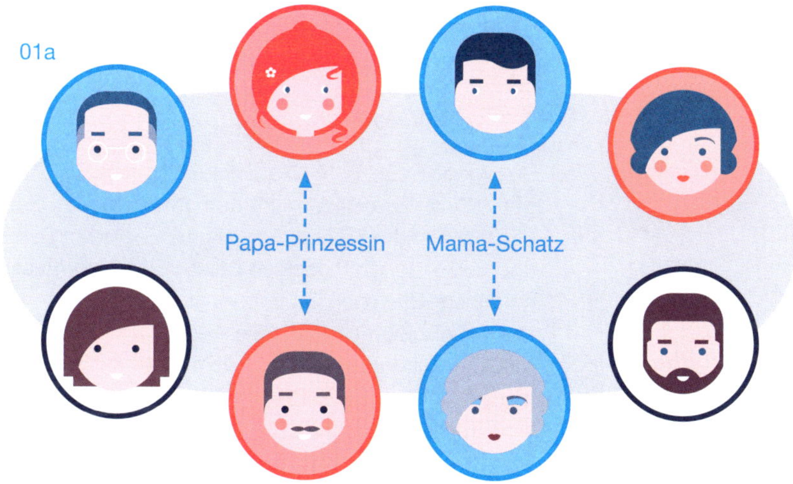

01b

Wenn Sie sehr ausgiebig gefeiert haben und nur mit Mühe zu Ihrem Zimmer finden, dürfen Sie die Nacht der Nächte auf ein anderes Mal verschieben.

05 DIE FEIER

Wenn Sie sich über Essen und Tischordnung einig sind, dann können Sie sich jetzt den Dingen zuwenden, die aus einer Party Ihre Party machen. Und da müssen Sie natürlich wieder ganz nach Typ entscheiden, welche Variante für Ihre persönliche Traumhochzeit die passende ist.

Die Anspruchsvolle

Es soll eine Feier werden, von der man noch lange spricht. Exklusiv, extravagant – alles in allem darf es ein bisschen mehr sein.

- Empfang / Begrüßung: Natürlich begrüßen Sie alle Gäste persönlich. Gemeinsam mit dem frisch angetrauten Ehemann stehen Sie an exponierter Stelle am Eingang und heißen jeden Einzelnen willkommen – formvollendet mit einem Gläschen Champagner.
- Deko: Edle Blumen und viele weiße Ballons, mit Helium gefüllt und kunstvoll aneinandergebunden, z. B. als Girlanden, Trauben oder Bögen. Besondere Akzente setzen einzelne große pastellfarbene Herzballons mit »Just married«-Aufschrift.
- Tischkarten: Edel sind Tischkarten, die zur Einladung (und – wenn Sie haben – der Menükarte) passen. Wenn Sie noch einen draufsetzen wollen, stellen Sie Tischkärtchenhalter auf. Die gibt es (im Hochzeitsshop oder im Internet) in allen möglichen Formen, z. B. als Herzchen oder Täubchen. Oder Sie befestigen die Tischkarte am Give-away (siehe S. 31).
- Musik: Gönnen Sie sich eine Band, Combo, Musikkapelle – wie auch immer Sie es nennen: Live-Musik passt zum Stil Ihrer Feier wahrscheinlich am besten. Besprechen Sie mit den Musikern auf jeden Fall vorher die Musikrichtung, am besten auch bestimmte Songs,

Profitipp
Ballons und Flaschen mit Helium können Sie z. B. im Internet bestellen. Die Ballons gibt es in nahezu allen Farben und Formen, dazu werden meist Informationen zum Dekorieren geliefert (www.ballon24.de oder www.candyandballoon.de).

die Sie auf jeden Fall gerne hören wollen. Wichtig: Wann soll's losgehen mit der Musik, wie lange soll die Band bleiben?

- Tanz: Natürlich soll getanzt werden! Und Sie haben lange genug geübt, um jetzt den perfekten Hochzeitswalzer aufs Parkett zu legen. Mit ihm läuten Sie den beschwingten Teil des Abends ein. Genießen Sie »Ihren« Walzer in voller Länge – bestimmt gesellen sich bald die anderen Gäste dazu.
- Und tschüss! Zum Abschluss haben Sie ein Hochzeitsfeuerwerk bestellt (ab ca. 150 Euro, z. B. unter www.hochzeitsfeuerwerk.de, www.feuerwerk-jan.de oder www.zuendwerk.de). Zum Abschied werfen Sie den Brautstrauß, damit auch alle wissen, wer als Nächstes heiratet. Dann steigen Sie in Ihr Auto, das hoffentlich mit Blechdosen und Just-Married-Schild dekoriert ist, und fahren los (mit viel Gehupe und Geschrei).
- Die Hochzeitsnacht: Verbringen Sie nicht in Ihrer Wohnung, sondern in einem richtig schicken Hotelzimmer. Wenn Sie nicht sowieso direkt von der Party in die Flitterwochen starten, mieten Sie sich in einem Nobelhotel am Ort ein – vielleicht ist sogar die Hochzeitssuite noch im Budget drin? Schließlich wollen die Dessous, die Sie sich extra zugelegt haben, in einer angemessenen Umgebung enthüllt werden ...

Die Romantische

Ja gesagt hat Ihr Prinz schon, jetzt darf er Sie auf das Fest führen – et voilà : die Märchenhochzeit ist perfekt!

- Empfang / Begrüßung: Wie es sich für eine Prinzessin gehört, lassen Sie sich empfangen. Im geschmückten Hochzeitsgefährt (Kutsche?) fährt das Brautpaar erst

GUT ZU WISSEN

Nach dem Eröffnungswalzer des Brautpaars müsste – wenn man es streng nimmt – folgende Tanzreihenfolge eingehalten werden: Die Braut erst mit ihrem Vater, dann mit dem Schwiegervater; der Bräutigam erst mit seiner Mutter, dann mit der Schwiegermutter. Und dann alle mit allen.

vor, wenn alle schon versammelt sind, und schreitet zu den Klängen von Mendelssohns Hochzeitsmarsch in den Festsaal. Begrüßt werden die Gäste dann alle zusammen in einer kleinen Ansprache vor dem Essen.

- Deko: Rote Rosen und rote Herzballons in verschiedenen Größen, zusammengebunden mit weißen Satinbändern. Auf den weißen Tischdecken liegen kleine Herzpailletten verstreut. Achtung: Bedenken Sie, dass die Blumenarrangements auf den Tischen nicht zu üppig ausfallen. Schließlich möchten Ihre Gäste einander auch mal in die Augen blicken.
- Tischkarten: Können Sie Schönschrift? Dann schreiben Sie jeden Namen persönlich mit Füller (noch besser: Kalligrafie-Feder) auf das Tischkärtchen. Dazu befestigen Sie ein kleines Blümchen oder ein Filzherz an der Karte.
- Musik: Engagieren Sie einen guten DJ. Vielleicht haben Sie auf einer anderen Party schon mal eine Visitenkarte mitgenommen oder können auf eine Empfehlung von Freunden zurückgreifen. Wenn nicht: Setzen Sie sich vorher mit ihm zusammen und besprechen Sie detailliert, welche Musik Ihnen für die Feier vorschwebt. Sie wollen Ihrem Liebsten schließlich nicht zu HipHop tief in die Augen sehen, wenn er eigentlich Blues-Fan ist …
- Tanz: Auch die klassische Eröffnung des Tanzes mit dem Hochzeitswalzer ist natürlich passend für die romantische Märchenhochzeit. Sie tanzen aber nur den Anfang mit Ihrem Mann, dann holen Sie sich beide einen Partner bzw. eine Partnerin aus der Gästeschar, um auch die anderen zum Tanz zu animieren.
- Und tschüss! Zum Abschluss bitten Sie (oder der Master of Ceremony) alle Gäste nach draußen. Jeder bekommt einen mit Gas gefüllten Herzluftballon, an den eine Wunderkerze gebunden wird. Auf Kommando anzünden und fliegen lassen – grandios!

Profitipp

Wenn Sie Ihren Brautstrauß nicht hergeben mögen, sondern trocknen und für immer bewahren wollen, dürfen Sie einen Ersatzstrauß werfen! Oder aber, auch das ist erlaubt, Sie lassen sich den Originalstrauß von der Fängerin zurückgeben. Übrigens kann auch der Bräutigam etwas werfen, und zwar das Strumpfband der Braut in die Menge der Junggesellen.

- Die Hochzeitsnacht: Verbringen Sie im selben Hotel wie Ihre Gäste (Achtung: Das Zimmer könnte »geschmückt« sein – siehe S. 113). Am nächsten Morgen treffen Sie sich noch mal alle zum gemeinsamen Frühstück.

Abb. Freunde, Römer, Mitbürger!

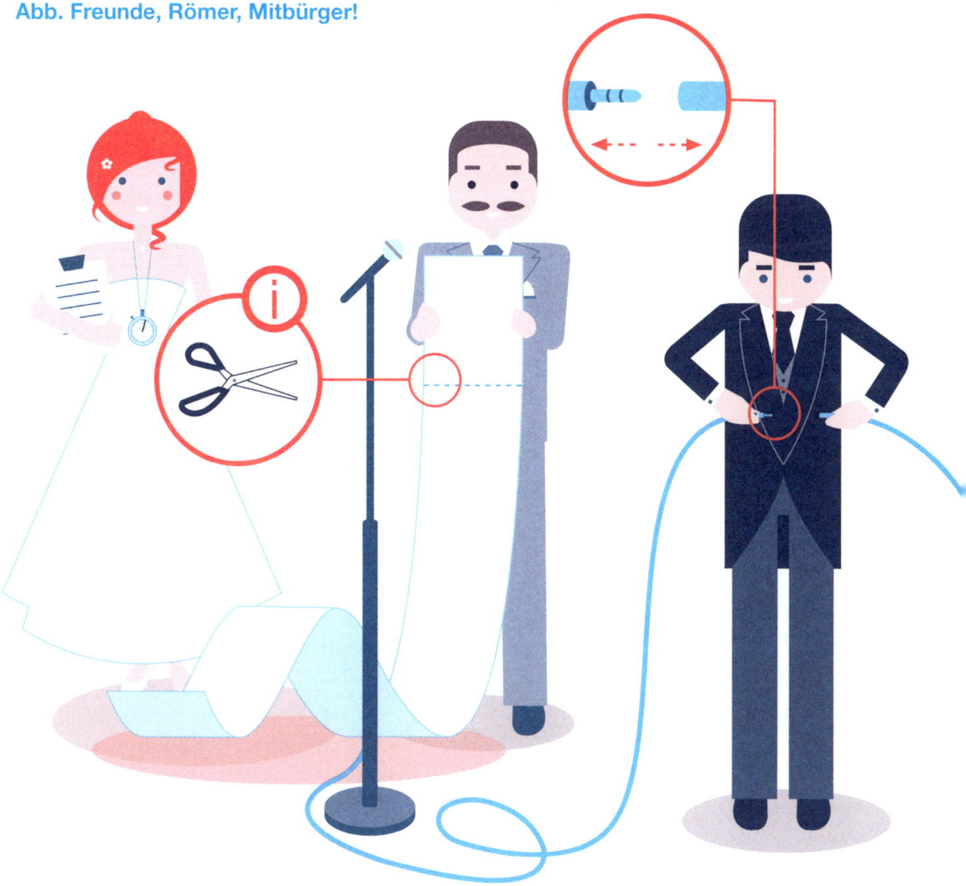

Der Master of Ceremony hat die Redner hoffentlich gebrieft, sich kurz zu fassen und geschmackvoll zu bleiben. Wenn sie sich nicht daran halten, greifen Sie (freundlich, aber bestimmt) ein.

05 DIE FEIER

Die Pragmatische

Wie gesagt: Eine Feier im großen Stil ist eigentlich nicht Ihr Ding. Aber vielleicht doch der heimliche Traum Ihres Partners? Oder Sie waren in der letzten Zeit bei allen Freunden zur Hochzeit eingeladen und fühlen sich jetzt irgendwie verpflichtet. Oder Sie befürchten, dass Ihre Eltern Sie enterben, wenn es kein repräsentatives Fest gibt. Was auch immer der Grund ist: Sie haben nun den weiteren Kreis geladen, aber die traditionelle Variante ist Ihnen einfach zu spießig. Kein Problem: Ein bisschen Understatement, ein paar schräge Ideen – und die Hochzeitsfeier wird zu einer netten Party, auf der Sie sich auch selbst wohlfühlen.

- Empfang / Begrüßung: Wie würden Sie Ihre Gäste auf einer Einweihungs- oder Geburtstagsparty begrüßen? Genau so machen Sie das jetzt auch!
- Deko: Sie mögen keine Luftballons und finden Blumen völlig überflüssig? Dann stöbern Sie mal in Krimskramsläden: Garantiert finden Sie ein paar Accessoires, die zu Ihrem Stil passen (Kunstblumen, Plastikfische, Filzgirlanden – die Möglichkeiten sind unendlich).
- Tischkarten: Entweder Sie lassen Ihre Gäste ganz nach Wunsch sitzen – oder Sie gestalten witzige Tischkarten: Schreiben Sie die Namen als Anagramm oder kleben Sie einfach nur ein (Jugend-)Foto des jeweiligen Gastes auf.
- Musik: Bestimmt haben Sie auch Freunde, die gerne mal den DJ machen. Sie können sich abwechseln und müssen natürlich alle Musikwünsche erfüllen!
- Tanz: Verzichten Sie auf den Eröffnungswalzer. Getanzt wird, wann es passt und wie es passt.
- Und tschüss! Die Party war super, aber jetzt reicht es? Dann dürfen Sie sich »auf Französisch« empfehlen – das

heißt, heimlich, still und leise Ihre eigene Feier verlassen, ohne sich von irgendjemandem zu verabschieden – ist für Brautpaare offiziell erlaubt!

- Die Hochzeitsnacht: Verbringen Sie zu Hause. Im eigenen Bett schläft es sich doch immer noch am besten …

Abb. Eins, zwei, drei, eins, zwei drei.

01a Walzer-Grundschritt (Sie)
01b Walzer-Grundschritt (Er)
02a Linksdrehung (Sie)
02b Linksdrehung (Er)

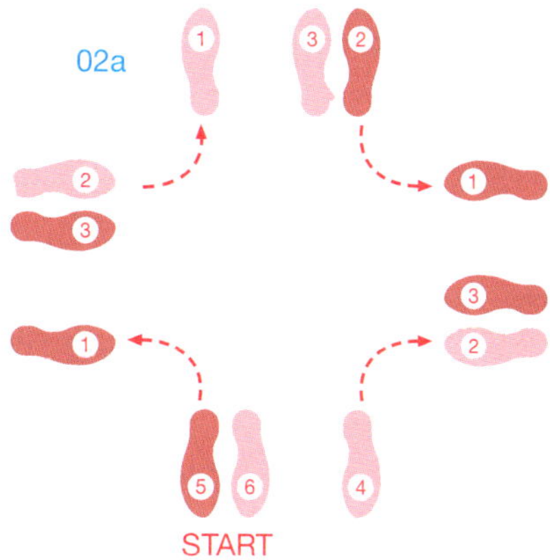

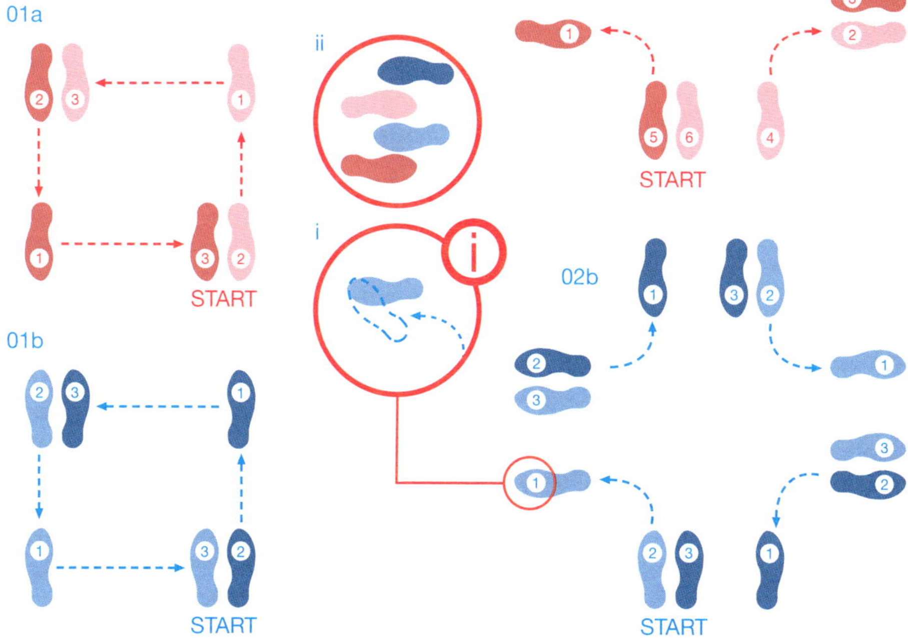

Beeindrucken Sie mit der eleganten Linksdrehung: **(i)** Nur mit dem Fußballen aufsetzen und in der Bewegung drehen. Denken Sie daran, dass die Füße beim Drehen versetzt angeordnet sind **(ii)**. Und gucken Sie beim Tanzen nicht auf die Füße, sondern einander tief in die Augen.

05 DIE FEIER

WOMIT SIE RECHNEN MÜSSEN:

01

01. Reden

Traditionell hält der Brautvater eine Rede, aber je nachdem, wie berufen sie sich fühlen, dürfen natürlich auch andere Gäste aufstehen und große Worte schwingen. Seien Sie möglichst auf alles gefasst: Halten Sie Taschentücher für emotionale Momente bereit und bewahren Sie Haltung, wenn jemand etwas Unpassendes oder schlecht Gereimtes vorträgt. Meistens koordiniert der Master of Ceremony die Abfolge. Er sollte auch das Restaurant-Personal informieren. Während einer Rede wird grundsätzlich nicht serviert, daher ist der günstigste Zeitpunkt zwischen den Gängen.

02

02. Darbietungen

»Waterloo« von Abba – umgetextet auf das Brautpaar und gesungen von seinen Fußballkumpels, eine Dia-Show mit peinlichen Szenen aus dem früheren Leben des Brautpaars, die feierliche Übergabe einer gemeinschaftlich gehäkelten Decke – wenn Ihre Freunde kreativ werden, kann das Ergebnis zunächst ein Schock sein. Aber bedenken Sie: Es kommt immer von Herzen und war mit viel Arbeit verbunden. Und wenn Sie Glück haben, sind die Performances sogar richtige Highlights, weil die Kumpels in ihrer Freizeit ein Männerquartett geben oder die Decke ein richtig schickes Patchwork-Teil geworden ist.

03

03. Hochzeitszeitung

Mit Sicherheit werden hier Fotos veröffentlicht, die Sie der Allgemeinheit lieber vorenthalten hätten. Aber die Redakteure der Hochzeitszeitung recherchieren gnadenlos und präsentieren garantiert Bilder aus folgenden Themenbereichen: Nacktbaden mit dem Nachbarsjungen, mit doofer Frisur auf dem Klassenausflug, betrunken auf einer Party, im Bikini am Mittelmeer, ungeschminkt beim WG-Frühstück.

Ansonsten rechnen Sie mit vielen weisen Sprüchen und selbst geschriebenen Gedichten. Auch wenn nicht alles gefällt: Eine Hochzeitszeitung zu kriegen ist super. Alle Gäste freuen sich darüber und für Sie ist es eine tolle Erinnerung.

04

04. Gästebuch

Meistens kümmern sich die Trauzeugen darum, dass während der Feier ein Gästebuch rumgeht, in das sich jeder eintragen kann, evtl. mit einem Polaroid dazu. Wenn Sie darauf Wert legen, fragen Sie vorher schon mal vorsichtig bei Ihrem Master of Ceremony an.

05

05. »Geschmückte« Wohnung

Das Brautpaar torkelt glück- und alkoholselig ins Schlafgemach und will nur noch ins Bett. Aber – halt – alles ist voller Luftballons! Diese Szene kennt man aus unzähligen Filmen, aber es gibt sie auch im realen Leben. Freunde besorgen sich den Wohnungsschlüssel und dekorieren das Schlafzimmer; in der Light-Version liegt nur das Bett voller Ballons, die man ja dann leicht zur Seite schieben kann. Gerne wird auch die Eingangstür geschmückt – mit Blumen, Girlanden oder traditionell auch mit Strampelanzügen, Störchen oder Schnullern. Schließlich sollte sich früher nach der Hochzeit möglichst schnell der Kindersegen einstellen. Um den Nachwuchs zu fördern, wurde in alten Zeiten übrigens auch das Bett von einer Jungfrau bezogen – wenn's hilft …

06

06. Spiele

Kaum eine Hochzeit vergeht, ohne dass das Brautpaar von den Gästen in mehr oder weniger fragwürdige Spiele verwickelt wird (siehe nächste Seite). Je nachdem, wie ausgeprägt Ihr Spieltrieb ist, sind Sie entweder be- oder entgeistert. Aber da Sie Ihre Gäste auf keinen Fall enttäuschen wollen, trinken Sie vorher am besten ein Sektchen, dann sägt und strippt es sich leichter …

Andere Länder, andere Sitten …

In Griechenland zieren sich Bräute nicht, reichlich Geldgeschenke anzunehmen. Nach der Trauung sammelt ein Verwandter bei allen Verwandten, Bekannten und Nachbarn Geldscheine ein, um sie der Braut ans Kleid zu heften, das damit im wahrsten Sinne des Wortes eine besondere Note bekommt …

Es gibt verschiedene Arten von Spielen:

01. Traditionelle Spiele, die das gemeinsame Überwinden von Schwierigkeiten symbolisieren sollen und meist vor Beginn der eigentlichen Feier stattfinden:

- Spalierlauf: Die Gäste bilden einen Tunnel aus langen Gegenständen wie Fahnen, Schlägern u. Ä. Vor dem »Tunnel« wird ein Band gespannt, das das Brautpaar durchschneiden muss. Dann muss es sich den Weg durch den Gästetunnel bahnen, was von diesen mit Armen, Beinen und den langen Gegenständen extra erschwert wird.
- Herz ausschneiden: Einige Gäste haben ein großes rotes Herz auf ein Bettlaken oder ein Papier gemalt. Die Brautleute müssen es ausschneiden und dann Hand in Hand durch das entstandene Loch klettern. Variante: Das Brautpaar muss das Herz selbst aufmalen – und zwar mit verbundenen Augen.
- Baumstamm zersägen: Mit einer großen Bügelsäge (gerne wird eine extrastumpfe gereicht) muss das Brautpaar einen mehr oder weniger dicken Baumstamm zersägen.
- Schubkarre: Es hat schon was von Kindergeburtstag, wenn der Bräutigam die Braut in einer Schubkarre durch einen von den lieben Gästen vorbereiteten Hindernis-Parcours schiebt.

02. »Wie gut kennt Ihr Euch?«-Spiele, die meist nach dem Essen und vor dem Tanz stattfinden:

- Übereinstimmungsquiz: Das Brautpaar wird nach vorne gebeten und muss sich Rücken an Rücken auf Stühle setzen. Der Einfachheit halber werden meist Fragen gestellt, die nur mit »Er« oder »Sie« beantwortet werden können – wobei Braut und Bräutigam die entsprechenden Schilder oder ihren / seinen Schuh hochhalten. Also z. B.: Wer putzt die Toilette? Wer kann besser Auto fahren? Wer hat den Antrag gemacht? (Aber fangen Sie jetzt nicht an, vorher zu üben, sonst verderben Sie den Gästen den ganzen Spaß!)

- Beine erkennen: Der Bräutigam und einige andere männliche Gäste stellen sich so auf, dass nur ihre Beine bis zum Knie zu sehen sind – mit hochgezogenen Hosen natürlich und ohne Schuhe. Die Braut muss die Beine ihres Mannes erkennen – die erschwerte Variante sieht vor, dass sie mit verbundenen Augen die richtigen Beine ertasten muss.

03. Und dann gibt es noch Spiele, bei denen sogar die Gäste mitspielen dürfen …

- Strumpfbandversteigerung: Wenn die Braut nicht ohnehin ein Strumpfband trägt, bekommt sie jetzt eins. Sie muss es um den Knöchel legen und ihr Bein angewinkelt auf einen Stuhl stellen. Jetzt dürfen die männlichen Gäste Geld bieten – damit das Band hochgerückt wird (das Brautkleid wird natürlich mit hochgezogen). Die weiblichen Gäste bieten ebenfalls Geld – damit das Strumpfband wieder herunterrückt und das Brautbein sittsam bedeckt ist. Wer innerhalb einer bestimmten Zeit (länger als zehn Minuten sollte so ein Beinstrip nicht dauern) das letzte Gebot gemacht hat, gewinnt das Strumpfband. Das Geld bekommt das Brautpaar – als Taschengeld für die Flitterwochen.
- Schleiertanz: Findet traditionell um Mitternacht statt. Während sie tanzt, wird der Braut der Schleier geraubt und anschließend in kleine Stücke gerissen. Diese werden an die weiblichen Gäste verteilt, damit sie auch etwas von der Gunst abbekommen, die dem Brautpaar zuteil wird.

- Entführung der Braut: Soll tatsächlich auch bei modernen Hochzeiten noch vorkommen. Der Brauch stammt aus dem Mittelalter, als sich unverheiratete Männer einfach eine Braut entführten und versteckt hielten. Inzwischen ist es nur noch ein etwas zweifelhafter Spaß, wenn Freunde des Bräutigams die Braut in irgendeine Kneipe entführen. Wenn der Bräutigam sie findet, muss er sie auslösen. Falls Sie ein paar Witzbolden unter Ihren oder seinen Freunden diese Aktion zutrauen, sprechen Sie am besten vorher ein deutliches Machtwort – wenn Sie nicht Stunden Ihrer Feier in einer verrauchten Kaschemme verbringen wollen.

Abb. Witzbolde

Falls Sie dieses fragwürdige Späßchen nicht verhindern konnten, bleiben Sie gelassen.

Für Männer

Och nee, eine Rede? Muss das sein? Könnte das nicht die Braut machen? Heutzutage, wo doch alle nach Gleichberechtigung schreien?

Ja, könnte sie. Aber traditionell begrüßt der Bräutigam die Gäste und dankt ihnen für ihr Kommen und die Geschenke. Und wie ihr ja schon feststellen durftet, hat eure Liebste für den Ausnahmezustand »Hochzeit« kurz mal Jahrzehnte der Emanzipation für ungeschehen erklärt. Für diesen einen Tag im Leben möchte sie exzessiv »die Frau an eurer Seite« sein: Sie möchte zur Feier gefahren und zum Tanz aufgefordert werden, ihr sollt mit ihr Baumstämme zersägen und sie später über die Schwelle tragen (denn unter der Türschwelle lauern nach altem Aberglauben böse Geister, die ihr ihr Glück missgönnen – und ja, daran glaubt eure Frau heute!). Und wenn ihr das Gattin-Glückseligkeitsgefühl auf einen Höhepunkt jagen wollt, dann haltet ihr nicht nur die obligatorische Dankesrede, sondern auch noch eine extra spezial Sonderrede nur für sie. Blickt ihr fest in die Augen und erzählt, wie glücklich ihr seid, dass sie nun eure Frau ist. Muss nicht ewig lange dauern, darf aber die berühmten drei Worte – oder eine Variation derselben – beinhalten. Bei Hochzeiten anderer Leute würde euch eure Frau an dieser Stelle in die Rippen boxen und die Augen verdrehen, aber das heißt nicht, dass sie nicht bei ihrer eigenen Feier heimlich auf diesen romantischen Moment wartet. Tut ihr also den Gefallen – und denkt daran, dass ihr demanzipierter Zustand wahrscheinlich auch nach der Feier noch ein bisschen anhält. Bestimmt gibt es auch ein Kapitel »Eheliche Pflichten« in ihrem Drehbuch für den perfekten Tag: Lasst euch überraschen!

PS: Trinkt. Nicht. Zu viel. Jeder Tropfen und die damit verbundene Ausgelassenheit sei euch gegönnt, aber eine der vielen Regeln für eine gelungene Hochzeitsfeier lautet: Die Hauptpersonen sollten zurechnungsfähig bleiben. Und der Bräutigam ist doch zumindest die – äh – zweite Hauptperson.

Berühmte Liebespaare

Dass Menschen sich scheiden lassen und noch mal heiraten ist heutzutage gang und gäbe. Eher selten ist es allerdings zweimal den gleichen Mann zu heiraten, sich zweimal scheiden zu lassen – und ihn fast noch ein drittes Mal zu heiraten …

Elizabeth Taylor und Richard Burton
Als sich die beiden 1963 bei den Dreharbeiten für *Kleopatra* kennenlernen, ist Liz Taylor bereits zweimal geschieden und wieder verheiratet. Burton führt – trotz zahlloser Liebschaften – noch immer seine erste Ehe. Egal, es ist Liebe auf den ersten Blick. Beide lassen sich scheiden und heiraten 1964 in Montreal. Sie sind ein Skandalpaar von Anfang an, ihre vielen Streits und Versöhnungen, ihre Alkoholexzesse und Affären werden von der Boulevardpresse begleitet. Scheidung 1974, erneute Heirat ein Jahr später, Scheidung 1976. Beide heiraten andere Partner – aber sie können nicht ohneeinander und beginnen wieder eine Beziehung, diesmal ohne Heirat. Als Richard Burton 1984 stirbt, bricht Liz Taylor zusammen.
Es war wohl eine große Liebe – zu groß, um im Alltag zu bestehen.

Einen Menschen zu lieben heißt einwilligen, mit ihm alt zu werden.

Albert Camus

Bevor der rote Teppich ausgerollt wird …

… packen Sie Ihre Koffer. Auch wenn Ihnen die Flitterwochen noch ewig weit entfernt scheinen: Wenn Sie gleich nach der Feier starten wollen, müssen Sie jetzt das Reisegepäck bereitstellen.
… packen Sie Ihre Lieblingspumps in die Notfalltasche. Sie passen nicht perfekt zum Brautkleid? Egal: Nehmen Sie die Ersatzschuhe mit, in denen Sie gaaanz lange tanzen können.
… packen Sie Ihren Mann. Er gehört zwar ab jetzt für immer zu Ihnen, aber ein dicker Knutsch und eine Liebeserklärung ohne Zeugen sollten zum großen Tag unbedingt dazugehören.

Ein Buch – ein Film

Jetzt ist es so weit: Sie haben eine echte Schwiegermutter. Aber bestimmt ist sie nicht so schlimm wie die Schwiegermutter von Ellie in *Bis dass sie uns scheidet* von Jane Green. Nicht nur dass sie (natürlich) die gesamten Hochzeitsvorbereitungen an sich reißt, sie mischt auch in der Ehe kräftig mit … Ellies Mann versteht (natürlich) gar nicht, warum sie sich so aufregt – bis ein schrecklicher Unfall passiert. Unterhaltsamer Roman mit ernsten Zwischentönen.

Zur Einstimmung auf die Feier sollten Sie unbedingt die DVD mit *Vier Hochzeiten und ein Todesfall* einlegen – selbst wenn Sie den Film schon zig mal gesehen haben. Zwar heiraten Hugh Grant und Andie MacDowell am Ende gar nicht, aber dafür genug andere Leute. Und dann dürfen Sie inständig hoffen, dass bei Ihrer Feier niemand eine Rede hält, in der alle Exfreundinnen des Bräutigams aufgezählt werden.

Blumen

Wenn sich nicht die Eltern oder Trauzeugen um den Blumenschmuck kümmern, kann man eine Gärtnerei beauftragen, aber das wird nicht billig. Informieren Sie sich gründlich und vergleichen Sie die Angebote.

In jedem Fall haben Sie die Qual der Wahl: Welche Blumen passen am besten zu Ihnen und Ihrer Feier? Hier ein paar klassische Hochzeitsblumen und ihre Bedeutung:

Rosen: Eigentlich ein Muss für jede Braut. Die rote Rose ist DAS Symbol der Liebe, während die weiße Rose für Reinheit und platonische Liebe steht. (Niemals gelbe Rosen nehmen, sie stehen für Untreue und Eifersucht. Überhaupt ist gelb in der Blumensprache eine negativ besetzte Farbe.)

Nelken: Dunkelrote Nelken bedeuten heiße Liebe, weiße wiederum reine Liebe.

Lilien: Ebenfalls sehr beliebt bei Hochzeiten. Sie sehen majestätisch aus und stehen für Weiblichkeit und Reinheit; im Christentum gilt die Lilie sogar als Symbol der Jungfräulichkeit.

Efeu: Fehlt eigentlich nie bei der Dekoration der Kirchenbänke und macht sich auch gut als Ranke auf weißen Tischdecken. Efeu ist immergrün und symbolisiert daher Unsterblichkeit, Treue und ewige Liebe!

Tulpen: Etwas ungewöhnlich für Hochzeiten, aber eine durch und durch positiv besetzte Blume. Tulpen gehen fast in allen Farben. In Rot, Rosa, Weiß und sogar in Gelb verheißen sie Liebe, in Blau die Treue – und besonders Mutige nehmen schwarze Tulpen, die stehen für tiefste Leidenschaft!

Rosmarin: Obwohl er in der allgemeinen Blumensprache eher für Abschied steht, gilt Rosmarin als klassische Hochzeitspflanze. Früher trug der jungfräuliche Bräutigam einen Rosmarinzweig im Knopfloch. Ein netter Brauch ist es heutzutage, jedem Gast ein Töpfchen Rosmarin an den Platz zu stellen. Nach der Trauung soll das Ehepaar einen Rosmarinzweig in die Erde stecken. Wächst er an, ist das ein gutes Omen für die Ehe.

Überlegen Sie sich auf jeden Fall vorher, was mit den Blumen nachher passieren soll – vor allem wenn Ihre Wohnung eher klein ist oder Sie direkt in die Flitterwochen starten. Zum Beispiel könnten Sie die Blumen den Gästen mitgeben oder als Dank ans Servicepersonal verteilen. Der Blumenschmuck in der Kirche bleibt am besten, wo er ist – die Gemeinde freut sich.

Brautstrauß

Der Brautstrauß wird vom Bräutigam besorgt. Wirklich! Erschwert wird diese Aufgabe allerdings dadurch, dass der Brautstrauß zum Brautkleid passen muss, das der Mann aber aus Aberglaube-Gründen nicht vorher sehen darf. Deshalb läuft es meistens darauf hinaus, dass die Braut den Strauß doch selbst besorgt. Der Gentleman-Bräutigam lässt sich von der Brautmutter beraten und stellt einen passenden Strauß zusammen – mit den Lieblingsblumen der Braut in ihren Lieblingsfarben. Absolute Profis besorgen noch ein Mini-Sträußchen für die Trauzeugin und staffieren alle männlichen Gäste mit farblich passenden Ansteckblumen aus.

06 DIE FLITTERWOCHEN

LOVESTORY Teil 6

SZENE XI

Im Bett. Am Morgen danach.

PETER: Na, wie war ich?

JULIA: (*guckt etwas verwundert*) Was? Äh, super!

PETER: (*wird rot*) Also, ich meine natürlich gestern. Auf der Feier. Du hast dir doch so viele Sorgen gemacht: Ob ich richtig tanze, ob ich interessiert zuhöre, wenn Tante Irene stundenlang von früher redet, ob ich die Dankesrede halten kann, ohne zu stottern, ob ich die Contenance behalte, wenn deine Kollegen einen afrikanischen Hochzeitstanz vorführen, ob …

JULIA: (*unterbricht ihn lachend*): Hör auf, hör auf! Du hast ja recht: Ich war schrecklich nervös. Und ja, du warst super. Tut mir leid, wenn ich genervt habe.

PETER: Du hast nicht genervt. Obwohl, ein bisschen schon. Aber deshalb habe ich dich doch geheiratet. Ich mag es, wenn Frauen ein bisschen nerven.

JULIA: (*zielt mit dem Kissen auf ihn*) Frauen??? Es gibt jetzt nur noch eine Frau für dich! Mich!

SZENE XII

Ein Strandbungalow auf Bali. Zweiter Tag der Flitterwochen. Julia steht unter der Dusche. Peter liegt entspannt auf dem Bett und liest. Das Telefon klingelt.

PETER: (*greift lässig nach dem Hörer*) Hello? Yes, it's my room. – What? Ach Mutter, du bist es. – Hm? Nein! Dein Englisch klingt toll. Keine Ahnung, warum der Empfang … – Ja, uns geht's gut. – Ja, total romantisch. – Wie bitte? (*seine Stimme wird energischer*) Nein, wir haben uns nicht gestritten. (*reibt zerstreut seine Stirn*) Ja, die Betten sind gut. – Was? (*setzt sich mit einem Ruck auf*) Mutter! – Nein, ich werde ihr sicher nicht ausrichten, dass Alkohol der Fruchtbarkeit schadet. (*Knallt den Hörer auf die Gabel. In diesem Moment kommt Julia aus dem Bad.*)

JULIA: Wer war das denn?

PETER: Ach, verwählt.

JULIA: (*zieht die Augenbrauen hoch*) Verwählt? Und du sprichst sie gleich mit »Mutter« an?

PETER: (*verlegen*) Ach na ja, also, sie wollte nur …

JULIA: (*grinst*) Sie wollte nur fragen, wie es mit dem Enkelkind aussieht, stimmt's? Mich hat sie gestern auch schon angerufen.

PETER: Oh, und?

JULIA: (*hüpft lachend zu ihm ins Bett*) Na, ich hab gesagt, wir üben täglich. (*runzelt die Stirn*) Vielleicht sollten wir dem Empfang sagen, die sollen niemanden mehr durchstellen.

06

DIE FLITTERWOCHEN

ICH PACKE MEINEN KOFFER

»Die Hochzeitsreise ist der erste Versuch, der Eherealität zu entgehen.« Hat der schwedische Dichter August Strindberg mal gesagt. Das klingt negativ – aber eigentlich ist es doch gerade gut, wenn man die Euphorie der Hochzeit noch ein bisschen weiterträgt und gleich nach der Feier in die Flitterwochen startet. Und gerade weil der Ehealltag noch früh genug einsetzt, sollten sich alle Brautpaare – wenn es zeitlich und finanziell irgendwie drin ist – mindestens ein Flitterwochenende, besser noch zwei bis drei Wochen gönnen. Und mal abgesehen vom Romantik-Faktor: Nach all dem Stress mit den Vorbereitungen haben Sie sich auf jeden Fall etwas Erholung verdient.

AHA

GUT ZU WISSEN

Das Wort Flitterwochen stammt vom mittelhochdeutschen »vlittern« ab und das bedeutet kichern, flüstern, kosen. Hübsch, nicht? Die englische Bezeichnung »Honeymoon« (= Honigmond) kommt übrigens vom germanischen Met (Honigwein), dem eine fruchtbarkeitssteigernde Wirkung nachgesagt wurde. Deshalb sollte die Braut das Gesöff möglichst einen Monat lang trinken (und dann klappte es hoffentlich auch mit den Nachkommen!).

Die Reise

Wichtig ist, dass Sie Ihre Flitterwochen rechtzeitig planen. Wie bei allen Reisen gilt: Die besten Angebote sind schnell ausgebucht. Wahrscheinlich buchen Sie den Honeymoon also, bevor die erste Gästeliste steht. Wenn Sie gern ein bisschen »anders« behandelt werden möchten als der normale Reisende (besonders schönes Zimmer, Honeymoon-Dinner, kleines Geschenk zum Empfang etc.), fragen Sie im Reisebüro nach speziellen Hochzeitsreisen-Arrangements. Im Internet gibt es entsprechende Angebote zum Beispiel unter www.itravel.de oder www.ihre-hochzeitsreise.de.

Wohin Sie nun fahren – das müssen Sie ganz nach Typ entscheiden.

Die Anspruchsvolle

Sie werden noch einmal Ihrem Motto »Kleckern statt klotzen« gerecht – und flittern in Übersee. Egal ob Tahiti oder

Südafrika, Bali oder die Malediven, wichtig sind für Sie Traumstrände, jede Menge Exotik – und ein bisschen Luxus darf es auch sein: Fünf-Sterne-Hotel mit Honeymoon-Suite oder ein Club-Arrangement extra für Hochzeitsreisende. Und damit die Flitterwochen schon mit einem extravaganten Verwöhnprogramm anfangen, buchen Sie einfach mal Business-Class.

Die Romantische

Das Reiseziel muss nicht weit sein, aber auf jeden Fall sollte es das gewisse romantische Etwas haben. Venedig ist da natürlich Traumziel Nr. 1 oder auch Capri. Wer's ein bisschen weniger »typisch« mag, fährt auf die dänische Insel Fünen oder in ein bayerisches Bergdorf. Zweisamkeit steht für Sie ganz oben auf der Wunschliste für die Hochzeitsreise – und deshalb mieten Sie sich auch lieber in einer verwunschenen Hütte oder schnuckeligen Pension ein als in einem großen Hotel.
Und da ja bekanntlich der Weg das Ziel ist, nehmen Sie mal nicht das Flugzeug. Wie wäre es denn stattdessen mit einem kuscheligen Schlafwagenabteil im Nachtzug?

Die Pragmatische

Och, wenn schon Hochzeit, dann auch Reise – denkt sich die pragmatische Braut. Eine gute Gelegenheit, den Mann endlich mal zu einem Städtetrip zu bewegen, den er sonst immer verweigert hat. Romantik muss nicht sein, dafür eine Stadt, die was hermacht: New York, Barcelona, London, Lissabon. Aber bitte so, dass Sie endlich wieder als »ganz normales Paar« unterwegs sein können.

Es war einmal

Es soll Männer geben, die die schöne Sitte der »Morgengabe« noch beibehalten haben und ihrer Frau am Morgen nach der Hochzeitsnacht ein besonderes Geschenk von bleibendem Wert (=Schmuck!!!) machen. Früher war die Morgengabe als Absicherung gedacht, falls der Mann verunglückt, oder aber als Vorab-Belohnung für den männlichen Erben, der ja nun hoffentlich unterwegs war. Letzteres könnte auch der Grund sein, warum dieser Brauch nicht mehr sooo en vogue ist.

Abb. Du, ich, die Musik …

01a Keine Handys

01b Keinen Stress

01a

01b

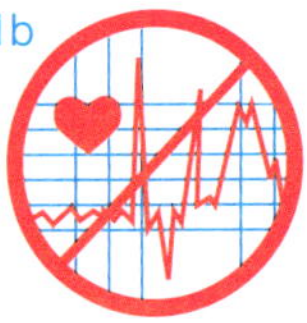

Nach der Reise

Ein paar Tipps, damit der Ehealltag nach den Flitterwochen nicht ganz so schnell zuschlägt:

- Machen Sie auf der Reise viele Fotos und legen sich zu Hause ein besonders schönes Flitterwochenalbum an.
- Nehmen Sie sich beide nach der Rückkehr noch mindestens einen ganzen Tag frei, um wieder »anzukommen«. Gucken Sie sich endlich in Ruhe alle Geschenke an und lassen Sie die Hochzeit Revue passieren.
- Vielleicht sind die Fotos vom Fotografen schon fertig! Dann machen Sie es sich auf dem Sofa gemütlich und schauen Sie sich selbst beim Heiraten zu.
- Laden Sie (allerdings nicht gleich am ersten Abend!) Ihre besten Freunde ein und lassen Sie sich als Ehepaar begrüßen.
- Wenn Sie ganz tapfer sind: Laden Sie Eltern und Schwiegereltern zum Homecoming-Kaffee ein.

Für Männer

Nur noch die Flitterwochen – und dann herrscht wieder Normalzustand in eurem Leben. Keine To-Do-Listen mehr, keine hysterischen Ausbrüche der Liebsten, kein Smoking-Zwang, keine Fettnäpfchen à la falscher Brautstrauß, zu kurze Rede, nicht genug Komplimente.

Wenn man erst mal unterwegs ist, sind Flitterwochen sowieso der stressfreieste Teil der Hochzeit. Schließlich seid ihr jetzt die ganzen Verwandten los und könnt euch nur noch auf eure frisch angetraute Ehefrau konzentrieren. Und das solltet ihr auch tun. Noch mehr als in anderen Urlauben gilt: Keine Telefonate mit dem Büro, kein fanatisches Sportprogramm, keine sonstigen Aktionen, die die Ferienstimmung trüben könnten – wie etwa sich das Rauchen abgewöhnen oder eine Diät ausprobieren. Stattdessen: Gaaaanz viel gemeinsam unternehmen, sehr oft vom Eheglück sprechen, viel knutschen und so, viele Fotos von ihr machen, Passanten bitten, Paarfotos zu machen (auch wenn ihr das eigentlich ganz peinlich findet), nicht die Einsätze für romantische Liebeserklärungen verpassen (Sonnenuntergang, besondere Kulissen, weinselige Momente).

Eure Frau schwebt jetzt noch mal extrem auf einer Romantikwolke – ein ganz besonderer Bewusstseinszustand, den nur frisch verheiratete Frauen erreichen können. Jetzt ist alles eingetreten, wovon sie geträumt hat. Umso wichtiger, dass die Flitterwochen in vollkommener Harmonie ablaufen. Sie will jetzt nicht anfangen zu zweifeln, ob sie wohl den Richtigen geheiratet hat. Und das wird sie tun, wenn ihr beim Frühstück wortkarg die Auslandspresse lest und euch abends an der Hotelbar mit den fußballinteressierten Typen aus dem Nachbarbungalow betrinkt. Tut ihr natürlich nicht. Nein, besser nicht. Sonst wird eure Frau zu dieser Klischeefurie, die mit der Bratpfanne auf ihren Mann losgeht. Und ihr wollt doch nicht in den Flitterwochen anfangen zu zweifeln, ob ihr die richtige Frau geheiratet habt.

Berühmte Liebespaare

Nach der Party beginnt das Eheleben – nicht immer nur ein Fest der Liebe. Aber sogar in der Glamourwelt gibt es Paare, die Vorbilder für eine lange glückliche Ehe sind.

Sophia Loren & Carlo Ponti
Sie mussten erst ein bisschen tricksen, um überhaupt heiraten zu können. Als Carlo Ponti 1950 die 16-jährige Sofia Scicolone kennenlernte, war er nämlich noch verheiratet. Und Scheidung war in Italien bis 1970 verboten. Carlo Ponti und Sophia Loren (den Nachnamen und das ph hat er für sie erfunden!) heirateten 1957 erst mal in Mexiko. In Italien ein Skandal: Abgesehen davon, dass die Ehe nicht anerkannt wurde, wurde Ponti auch noch der Bigamie beschuldigt. Deshalb nahmen Sophia Loren, Carlo Ponti und seine damalige Noch-Ehefrau die französische Staatsbürgerschaft an. In Frankreich wurde zunächst die Scheidung vollzogen und 1966 feierten Ponti und Loren erneut Hochzeit. Sie bekommen zwei Söhne und führen eine glückliche Ehe ohne Skandale, bis Carlo Ponti im Januar 2007 stirbt.
»Ich glaube an die Ehe, daran, dass ein Paar sein Leben gemeinsam führen und eine Familie gründen und dafür sorgen sollte, dass die Kinder glücklich werden.« Diesen divenuntypischen, eher grundspießigen Satz soll Sophia Loren mal gesagt haben – und noch einen Satz, der vielleicht der Schlüssel zu jeder glücklichen Ehe ist: »Der Gefährte siegt über den Liebhaber.«

Die Ehe ist und bleibt die wichtigste Entdeckungsreise des Menschen.

Søren Kierkegaard

Nach der Show …

… wird die obligatorische »Wir haben geheiratet«-Anzeige in der Lokalzeitung aufgegeben. Wer es liest, freut sich (und schickt vielleicht noch ein Geschenk …), und für das Brautpaar ist es eine weitere lustige Erinnerung im Fotoalbum.
… wird das Brautkleid in den Schrank gehängt. Wer es nicht verkauft, kann später (einem alten Brauch folgend) vielleicht mal das Taufkleid fürs Kind daraus nähen lassen.
… wird ein Kontrollgang durch die Wohnung gemacht. Der Satz »Schatz, bist du auch wirklich sicher, dass der Herd aus war?« kann die Flitter-Freude doch erheblich trüben.

Ein Buch – ein Film

Dieses Buch sollten Sie auf jeden Fall für die Hochzeitsreise einpacken: *Ehe für Anfänger* von Zoë Barnes. Emma und Joe sind frisch verheiratet, aber im Ehealltag läuft es zunächst gar nicht rund. Joe hat sehr traditionelle Erwartungen an seine Ehefrau: Sie soll häuslich werden, ihn bei der Karriere unterstützen und ein Kind kriegen. Und dann funkt auch noch seine Mutter ständig dazwischen. So hat sich Emma ihre Ehe nicht vorgestellt!

Wieder zu Hause sollten Sie sich einen Rückblick auf den ganzen Feierstress gönnen – zusammen mit dem *Vater der Braut*. Stanley Banks (im Original von 1950 gespielt von Spencer Tracy; im Remake von 1991 von Steve Martin) hat die stressige Feier gerade hinter sich und erinnert sich an die Monate vor der Hochzeit seiner Tochter, als eine Katastrophe die nächste jagte.

Nach dem Happy End

Auch wenn es schwerfällt, nach traumhaften Flitterwochen an deutsche Bürokratie zu denken, es hilft nichts: Der Ehealltag beginnt mit einigen lästigen Behördengängen. Aber vielleicht freuen Sie sich ja auch, auf diese Weise noch mal ganz öffentlich Ihren neuen Familienstand kundtun zu können. Falls Sie beide Ihren Namen behalten haben, bleiben Ihnen übrigens viele der folgenden Punkte erspart.

Zu Hause

Beginnen Sie Ihre Ich-bin-nicht-mehr-ledig-Tour am besten beim Einwohnermeldeamt. Dort werden Personalausweis, Reisepass und Lohnsteuerkarte umgeschrieben. Wenn Sie ein Auto besitzen, müssen Sie zur Kfz-Meldestelle, um Fahrzeugbrief, Fahrzeugschein und Führerschein aktualisieren zu lassen. Ebenfalls informiert werden müssen: Krankenkasse, Bank, Versicherungen, Telefongesellschaft, Vereine etc. Und bedenken Sie, dass doppelt bestehende Versicherungen (z. B. Hausrat, Haftpflicht) gekündigt bzw. auf beide Ehepartner umgeschrieben werden sollten, falls Sie erst jetzt einen gemeinsamen Haushalt gründen.

Im Job

Je nach Job brauchen Sie ein neues Türschild, eine neue E-Mail-Adresse, einen neuen Namen im Telefondisplay und evtl. sogar neue Visitenkarten. Informieren Sie das Personalbüro (vielleicht ändert sich Ihre Steuerklasse!), die Kollegen und Vorgesetzten aber in jedem Fall über Ihre Heirat. Sonst fühlen sie sich übergangen. Und ja: Eine Runde Kaffee und Kuchen oder ein paar Flaschen Prosecco sollten Sie schon schmeißen anlässlich Ihrer Hochzeit, das gehört sich so – und ist doch auch schön, sich gleich noch mal feiern zu lassen!

Dankeskarten

Oh nein, jetzt auch noch Dankeskarten – stöhnen die einen. Au ja, jetzt an alle das schöne Hochzeitsfoto schicken – freuen sich die anderen. Egal ob Pflichtübung oder tatsächlich das letzte i-Tüpfelchen auf ein gelungenes Fest: Die Dankeskarten müssen raus. Schließlich wollen Sie Ihre Freunde und Verwandten doch nicht enttäuschen! Vielleicht haben Sie die Karten schon mit der Einladung drucken lassen (siehe S. 53), vielleicht wollen Sie hier selbst kreativ werden. In jedem Fall macht sich das Hochzeitsfoto vorne drauf sehr gut – und mindestens ein ergänzender persönlicher Text für besonders liebe Freunde oder extrem großzügige Schenker sollte schon sein. Am besten mit einem Füller und in lesbarer (Schön-)Schrift handgeschrieben.
Und wenn es viele Menschen gibt, die bei der Feier nicht dabei waren, denen Sie Ihr neues Glück aber trotzdem mitteilen wollen, können Sie auch noch »Wir haben geheiratet«-Karten verschicken (kann man ebenfalls individuell drucken lassen oder fertig im Papiergeschäft kaufen).

IM NETZ

INTERNET-ADRESSEN

Allgemeine Informationen

www.braut.de
Hier gibt es Infos zu allen relevanten Themen: Locations, Dokumente, Papeterie, außerdem ein Online-Shop, ein Forum und Berichte von »Exbräuten«.

www.confetti.de
Viele Tipps, viele Links und ein Online-Shop.

www.heiratsportal.de
Das Portal ist nicht so toll gestaltet, aber einige gute Vorschläge (z. B. zu Locations) sind dabei.

www.hochzeit-premium.de
Die Seite ist gut gegliedert in allgemeine Themen, die Informationen erfolgen allerdings oft über spezielle Anzeigen. Es gibt aber auch z. B. eine Auflistung der Standesämter der größeren deutschen Städte mit Öffnungszeiten, Adresse und Ansprechpartner!

www.hochzeitstreff.de
Sehr herzige Seite! Hier findet man (gut gegliedert) viele brauchbare Tipps zu allen Aspekten.

www.lovelystuff.de
Sehr rosafarbene Seite mit schnuckeligsten Accessoires (Zuckerwürfel mit Herzen oder Initialen, Kekse in Korsagenoptik, Bikini mit »Just married«-Aufdruck!). Witzig: Hier finden Sie auch gleich die Rubriken »Mama« und »Baby« – man weiß ja nie.

www.perfectday.de
Nicht sehr benutzerfreundlich aufgemacht, aber wer sich

ein bisschen Zeit zum Durchklicken nimmt, wird mit umfangreichen Informationen belohnt – z. B. werden hier alle Hochzeitsjubiläen aufgelistet!

www.ratgeber-hochzeit.de
Sparsam gestaltet, aber z. B. das Hochzeitslexikon lohnt ein paar Clicks; außerdem gibt es viele Link-Tipps.

www.weddix.de
Hier tummeln sich viele Anzeigen, aber man findet auch einen sehr übersichtlichen Ratgeber mit (fast) werbefreien Allgemein-Informationen und einen eigenen gut sortierten Online-Shop.

Standesamtliche Trauung
www.hochzeitsservice-online.de
Hier sind viele »besondere« Standesämter aufgelistet (nach Postleitzahlen sortiert und mit Kurzbeschreibungen versehen); außerdem gibt es Informationen rund um die standesamtliche Trauung.

Kirchliche Trauung
www.trauspruch.de
Auf der Seite der evangelischen Kirche (ekd) geht es nicht nur um Trausprüche, sondern um kirchliche Trauung allgemein (auch so banale Fragen wie »Darf man während des Gottesdienstes filmen?« werden hier beantwortet).

www.theology.de / hochzeit.htm
Etwas unübersichtliche Seite, aber wer sich die Mühe macht, findet hier viel Interessantes zur evangelischen, katholischen, ökumenischen und reformierten Trauung – sehr ausführlich aufgearbeitet.

IM NETZ

www.vermaehlung.de
Neben allgemeinen Informationen bietet diese Seite auch umfangreiche Erläuterungen zur kirchlichen Trauung (Ablauf, Trausprüche, Fürbitten u. a.).

Hochzeit im Ausland

www.abenteuer-hochzeit.de
Die Seite bietet Tipps für alle, die eine ungewöhnliche Hochzeit im Ausland planen; außerdem Infos über die Hochzeitsbräuche in anderen Ländern.

www.heiraten-urlaub.de
Eine Art Internet-Reisebüro, das Hochzeiten weltweit organisiert und direkte Buchungsmöglichkeiten bietet; dazu noch viele Informationen.

www.heiraten-weltweit.de
Auch hier kann man unter vielen Vorschlägen für Hochzeitsarrangements wählen und direkt buchen.

www.hochzeit.com
Die Seite bietet Ideen für Auslandshochzeiten und exotische Flitterwochen mit Links zu entsprechenden Reise-Anbietern.

Ehevertrag

www.familienhandbuch.de
Hier gibt es noch mal umfangreiche Informationen auf einen Blick.

www.brigitte.de
Unter dem Stichwort »Ehevertrag« finden Sie Aktuelles und Allgemeines zum Thema.

Shops

www.brautmode-flohmarkt.de
Hier gibt es praktisch alles für Sie und Ihn gebraucht.

www.brautmode-shop.com
Egal, was Sie suchen – hier werden Sie fündig: Brautkleider, die spezielle Hochzeits-Einwegkamera, zig verschiedene Statuetten für die Torte etc.

www.die-familienfeier.de
Hier werden vor allem witzige Accessoires angeboten – allein 14 verschiedene Seifenblasenfläschchen (u. a. in Tortenform oder mit einem Täubchen als Verschluss).

www.event-mode.de
Ein Traum für Bräute: Es gibt Kleider über Kleider (auch individuelle Anfertigungen) und Zubehör.

www.in-due.de
Die Seite mit dem schönsten Namen hat viele Deko-Ideen (z. B. Hochzeitsmandeln in 17 Variationen), Artikel für den Junggesellinnenabschied – aber auch Brautkleid & Co.

www.hochzeitsshop-forever.de
Vom Herzband über den Hundefrack bis zum Streukörbchen – hier gibt es 1001 Accessoire.

www.nina-brautmoden.de
Bietet viele Kleider in unterschiedlichen Preiskategorien und auch alle anderen Brautaccessoires (Schleier, Hüte, Handschuhe etc.).

www.personello.de
Hier finden Sie garantiert ausgefallene individuelle Ideen für Geschenke und Give-aways, Karten etc.

IM NETZ

Leihen

www.erento.com
Hier kann man alles für die Hochzeit leihen: Kleider, Autos, sogar Blumen.

www.dress4moments.de
Warum viel Geld ausgeben, wenn es doch nur für einen Tag ist? Hier gibt es viele Brautkleider zum Mieten (um 200 Euro) – aber auch zum Kaufen, für die Bräute, die sich doch nicht wieder trennen wollen von ihrem Kleid.

Foren

Wenn Sie über individuelle Hochzeitserfahrungen lesen und / oder mit anderen Bräuten und Exbräuten chatten wollen, finden Sie im Internet unzählige Foren. Zum Beispiel:
www.diggis-hochzeitsforum.de
www.hochzeitsclub.de
www.hochzeitsforum.de
www.hochzeits-forum.de
www.unsere-hochzeitsseite.de

Link-Tipps

Deko, Dessous, DJ – egal was Sie suchen, in den Linkverzeichnissen finden Sie zu jedem Thema und für jede Region den passenden Anbieter.
www.hochzeit-faq.de
www.hochzeit-ks.de
www.unsertag.de

Notizen

NOTIZEN

Notizen

REGISTER

A

Aberglaube 86, 89, 104, 117, 121
Ablauf 87, 88, 93, 94
Abstammungsurkunde 77, 78
Alkohol 64, 66, 69, 97, 117
Ambiente 43–45, 86, 102
Antrag 20–22, 24
Anzug 36, 72
Aufgebot 78
Ausland 46, 49, 91, 94
Auto 80, 87, 130

B

Band, Musik 36, 62, 106
Beauty 98
Behördengänge 130
Blumen, Bedeutung von 120
Blumenschmuck 87, 90, 106, 108, 120
Blumenkinder 17, 87, 90
Brauchtum 31, 60, 66
Brautentführung 116
Brautführer 87
Brautjungfer 87, 90
Brautkleid 55, 56, 71, 83
Brautstrauß 107, 108, 121
Bridal Shower 68
Bücher 29, 55, 71, 97, 119, 129
Budget 36, 38, 95, 98
Budgetplaner 37
Buffet 26, 81, 102
Burg 36, 42, 45

C

Candle-Light-Dinner 21
Champagner 21, 36, 81, 106
Checkliste 13, 98, herausnehmbar

D

Dankeskarten 38, 53, 95, 131
Darbietungen 112
Dekoration 52, 120
    Kirche 90 f.
    Location 106, 108, 110
    Standesamt 79 f.
Dessous 57, 107
Diskussionsverhalten 34, 40, 86
DJ 62, 108, 110
Dokumente 36, 77, 92
Drehbuch 10, 55

E

Ehekonsenserklärung 76
Eheschließung 44, 76, 92
Ehevertrag 84, 134
Einbürgerungsurkunde 78
Einladungen 50
    Gestaltung 50
    verschicken 26, 30, 34, 80
Einzug, Kirche 87, 90
Empfang 106, 108, 110
Entlobung 25
Essen 21, 37, 51, 102

F

Familie 16, 26, 82
Familienbuch 77
Feier 26, 29, 34, 60, 102–121
Feuerwerk 107
Filme 29, 55, 71, 97, 119, 129
Fliege 38, 73
Flitterwochen 122–126
Fotograf 80, 95
Fotos 81, 82
Freie Zeremonie 94
Freunde, beste 28, 64, 80, 112
Friseur 78, 81, 82, 98
Frisur 78, 81, 82

G

Gäste 35, 36, 80
    ungebeten 41
Gästebuch 113
Gästeliste 26, 35, 41
Generalprobe 88, 89
Geschenke 30, 53, 68, 94
Geschwister 17, 82

Getränke 103
Give-aways 31, 106, 135
Gretchenfrage 34
Gütertrennung 84

H
Haarstyling 98
Handschuhe 57
Handtasche 57
Happy End 130
Heiraten im Ausland 49
Heiratsantrag 20–22, 24
Heiratsurkunde 35, 77, 78, 92
Hen Night 66
Hochzeitsanzeige 21, 26, 129
Hochzeitskleid → Brautkleid
Hochzeitsliste 30
Hochzeitsnacht 107, 109
Hochzeitsreise → Flitterwochen
Hochzeitsschuhe 57, 73, 104, 119
Hochzeitstag 35, 77
Hochzeitstisch 30
Hochzeitstorte 66, 81, 103
Hochzeitstyp, anspruchsvoll 14
Hochzeitstyp, romantisch 14
Hochzeitstyp, pragmatisch 15
Hochzeitszeitung 112
Honeymoon 124
Hut 73

I
Internet-Adressen 24, 30, 48, 50, 106, 124, 132

J
Ja-Wort 22, 34, 42, 76, 86
Junggesellenabschied 64
Junggesellinnenabschied 66

K
Kalkulation 37, 41
Kinder 17, 78, 84, 102
Kirche 86–91
Kleid 55, 56, 71, 83
Kleidung 78, 81, 82
Kosten 36–39
Kranzgeld 25
Krawatte 38, 73
Kutsche 45, 90, 107

L
Las Vegas 46, 49
Liebespaare, berühmte 28, 54, 70, 96, 118, 128
Location 41, 42, 44, 46
Luftballons 108, 113

M
Make-up 83, 98
Master of Ceremony 16, 108, 112
Masterplan 9
Menü 36, 48, 102
Menükarten 53, 106
Morgengabe 125
Musik 88, 106, 108, 110
Mutter 17, 81, 87, 90, 104, 107

N
Name, gemeinsamer 29, 85, 130
Namensrecht 85
Namensschild 85, 130
Nervenbündel 16, 89
Nichtstun 29, 55, 71, 97, 119, 129

O
Onkel Herbert 32, 59, 103
Outfit, Bäutigam 72, 78
Outfit, Braut 56, 78, 83

P
Panik 34, 89
Pass 49, 77, 130
Personal, Location 112, 121
Personalausweis 77, 92, 130
Personenstandsurkunde 77
Planung 8, 35, 37
Polterabend 60–63
Premiere 97

R
Rechtliches 84
Rede 103, 112, 117
Reis, geworfen 80
Reise 49, 124–125
Religion 34, 86
Restaurant 26, 36, 47, 81
Ringe 22, 94, 98
Ritterburg 36, 42, 45
Romantik 76, 81, 86, 91, 127

S
Scheidungsurkunde 78
Schleier 57, 98
Schleiertanz 115
Schloss 43, 44, 48
Schmetterlinge 88
Schmuck 94, 98, 125
Schuhe 57, 73, 104, 119
Schwiegereltern 28, 82, 126
Schwiegermutter 17, 107
Schwiegervater 17, 64, 107
Shopping 55, 71
Sissi-Feeling 14, 44, 56
Sitzordnung 41, 103
Smoking 72
Spiele 113–115
Staatsangehörigkeit 78, 85
Standesamt 36, 44, 76–83
Standesbeamter 33, 42, 44
Steuer 20, 130
Stripper 67
Strumpfband 90, 108, 115

T
Tanzkurs 71
Tante Irene 32, 59, 101, 122
Tauben 91
Termin 8, 34, 37, 48, 80, 92
Test, Hochzeitstyp 10
Tischdeko 104, 106, 108, 110
Tischkarten 106, 108, 110
Tischordnung 103, 104
Torte 66, 81, 103
Traugespräch 93
Trauringe 45, 94, 98
Trauspruch 93, 94, 133
Trauung, evangelisch 92
    katholisch 92
    kirchlich 86
    ökumenisch 92
    standesamtlich 76
Trauzeugen 16, 49, 64, 78, 80, 82, 87, 90, 105, 113

V
Vater 17, 28, 64, 90, 104, 107, 112
Verlobung 25–28
Verlobungsringe 22, 27
Versicherung 130
Verwandtschaft 16, 26, 82
Vorfeier 60-69

W
Walzer 20, 71, 107, 108, 111
Weste 73
Wohnung, geschmückt 113

Z
Zugewinngemeinschaft 84
Zylinder 73

Autorin & Illustratorin

Die Autorin
Katharina Mahrenholtz

Katharina Mahrenholtz, hauptberuflich als NDR-Hörfunkredakteurin tätig, liebt vor allem Feste, die sie selbst organisiert hat: Familienfeiern aller Art, Überraschungspartys für Freunde, Piraten- und Prinzessinnengeburtstage für Kinder. Ein gewisser Hang zum Pefektionismus führt oft zu nächtlichen Kreativ-Sitzungen oder Verschönerungsprojekten in der Hamburger Altbauwohnung (siehe auch ihre Veröffentlichung mit Dawn Parisi: *Wo der Hammer hängt. Do-it-yourself für Frauen*). Da kommt die eigene Hochzeitsplanung ganz klar zu kurz. Aber wie sagt der Mann an ihrer Seite – seines Zeichens großer James-Bond-Fan: »Sag niemals nie.«

Die Illustratorin
Dawn Parisi

Dawn Parisi, 33 / 175 / 58, noch schlk., attr., wohnh. i. Paris u. HH, erfolgr. Illustr. (Design, Werbung, Verlage), NR, bish. ldg. a. Überzg., jtzt. doch allm. aufgeschl., nur ernstgem. Zuschr. bmB u. Geh.besch. Chiffre # 4702.

UND DANACH …

Wie es nach der Hochzeit weitergehen könnte, lesen Sie in:

Katharina Mahrenholtz, Dawn Parisi
Schwangerschaft und Geburt
Das Buch zu Bauch und Baby
160 Seiten, durchgehend farbig illustriert. Flexibler Einband
ISBN 978-3-8363-0011-7

Dieses Buch enthält alles, was Schwangere zu Bauch und Baby wissen müssen: Fakten und Erkenntnisse, die beruhigen, wenn man sich gerade im »Ausnahmezustand Schwangerschaft« befindet. Ein fundierter Ratgeber mit Witz und ohne Weichzeichner für die neun aufregenden Monate, die noch aufregendere Geburt und die lebhaften Tage danach. Mit wertvollen Tipps aus erster Hand, Vokabelhilfen zu neuen Begriffen aus der Welt der (werdenden) Mütter, Internet-Adressen, umfangreichem Register und der Sonderrubrik »Für Männer: So fühlt sich eure Frau«.

»Jede Mutter, die in der Redaktion den Ratgeber in die Hände kriegte, war begeistert … Wir empfehlen dieses Buch.«
Petra

Louis und Joe Borgenicht, Paul Kepple und Jude Buffum
Das Baby
Inbetriebnahme, Wartung und Instandhaltung
Aus dem Englischen von Birgit Franz
208 Seiten, durchgehend farbig illustriert. Flexibler Einband
ISBN 978-3-8363-0033-9

Ein Baby-Ratgeber der ganz besonderen Art: Wie programmiert man beim Nachwuchs den »Sleep-Modus«? Wie installiert man eine Windel? Und was erleichtert den Umgang mit dem »Service-Provider« (Kinderarzt)? Louis Borgenicht, selbst Kinderarzt, und sein Sohn Joe haben die ultimative Gebrauchsanweisung für das erste Baby-Betriebsjahr geschrieben. Ein originelles Buch mit absolut praxistauglichem Inhalt – ideal für werdende Eltern!

»Der neue Babyguide. Echt witzig, echt nützlich! Im Praxis-Test hat sich das Buch schon bewährt – Männer arbeiten gern damit.«
Jolie

»Ideales Geschenk mit Schmunzelfaktor.«
BILD